칭기즈 칸,
제국을 다스린 초원의 소년

칭기즈 칸,
제국을 다스린 초원의 소년

글 박신식 | 그림 토끼도둑

스푼북

들어가기 전

"자신을 이기는 사람이 강한 사람이다!"

너무 막막하다고, 그래서 포기해야겠다고 말하지 마라.
나는 목에 칼을 쓰고도 탈출했고,
뺨에 화살을 맞고 죽었다 살아나기도 했다.

적은 밖에 있는 것이 아니라 내 안에 있었다.
나는 내게 거추장스러운 것은 깡그리 쓸어버렸다.

나를 극복하는 그 순간 나는 칭기즈 칸이 되었다.

세계 역사상 가장 넓은 영토를 지배한 칭기즈 칸. 그가 정복한 땅은 세계에서 두 번째로 넓은 영토를 지배한 알렉산드로스보다 두 배 이상 컸습니다.

하지만 몽골 제국을 통일하고 많은 영토를 가진 칭기즈 칸에게도 어려운 시절이 있었지요. 그는 어린 나이에 사랑하는 아버지를 잃었고, 살던 마을에서 쫓겨나기도 했습니다. 끼니를 항상 걱정해야 할 만큼 가난했으며, 사랑하는 아내를 적에게 빼앗기기도 했지요. 그러나 그는 포기하지 않았습니다.

칭기즈 칸은 강인한 정신력과 끈기로 자

기 자신을 이긴, 진정으로 강한 사람이었습니다. 위기를 극복하고 스스로 운명을 개척해 나간 칭기즈 칸에 대해 알아보도록 하겠습니다.

칭기즈 칸이 활동한 시대

12세기 금이 송을 밀어내고 중국의 북쪽을 차지한 뒤 몽골고원의 여러 부족은 금의 지배를 받으며 살고 있었습니다. 몽골은 수백 개의 부족으로 나뉘어 전쟁이 끊이지 않았어요. 게다가 몽골고원은 농사를 지을 땅도, 물고기를 잡을 바다도 없는 척박한 곳이었습니다. 그래서 몽골인들은 가축을 기르며 물과 풀을 따라 옮겨 다니는 유목민 생활을 해야 했지요.

칭기즈 칸의 아버지 예수게이는 키야트 부족의 족장이었어요. 장차 몽골족을 통일할 인물로 많은 존경을 받았지요. 하지만 칭기즈 칸이 어릴 때 아버지는 세상을 떠나지요. 우리 칭기즈 칸의 어린 시절 이야기를 한번 살펴보도록 해요.

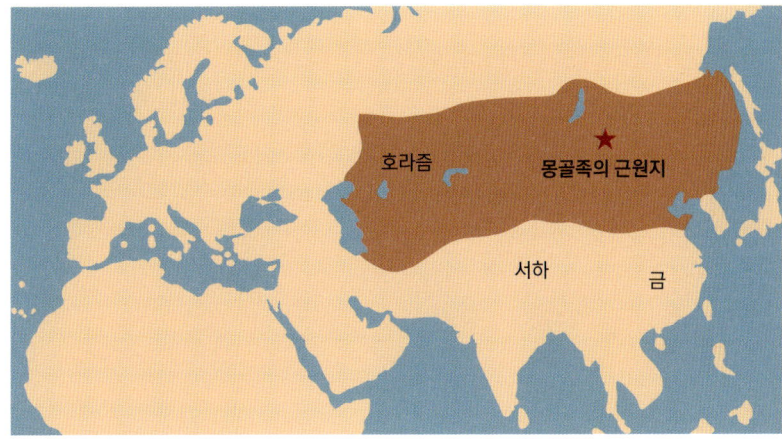

칭기즈 칸이 다스렸던 영역

차례

들어가기 전 … 4
등장인물 … 8

초원의 약속 … 10

안다와 신부 … 23

아버지를 잃은 가족 … 36

따돌림 … 50

도망 … 62

치욕 … 74

탈출 … 86

보오르추와의 만남 ⋯ *100*

옛 부족 사람들 ⋯ *111*

형제들 ⋯ *123*

전투와 동맹, 그리고 꿈 ⋯ *137*

그 뒤, 칭기즈 칸 ⋯ *151*

작가의 말 ⋯ *162*

테무친(칭기즈 칸)

보르지긴 가문이자 키야트 부족의 족장인 예수게이의 아들로, 아버지로부터 '강한 쇠'라는 뜻의 이름을 받았다. 어릴 때부터 말타기와 활쏘기에 능숙했으며, 용맹하고 영특하였으나 아버지가 독살로 세상을 뜨고 여러 차례의 위기를 맞는다. 하지만 마침내 여러 부족을 통일하여 몽골 초원의 1인자가 된다.

예수게이

키야트 부족의 족장으로, 테무친의 아버지이다. 라이벌 세력인 타타르 부족의 음모에 빠져 독살로 세상을 떠난다. 하지만 테무친의 마음에 깊이 남아 테무친에게 힘을 주는 존재이다.

호엘룬

테무친의 어머니로, 조용히 테무친을 응원한다. 지혜롭고 현명하며, 남편 예수게이가 죽은 뒤에도 의연하게 테무친과 가족들을 돌본다.

벡테르

테무친의 이복형제이다. 자신보다 어린 테무친이 첫째 부인의 아들이라는 이유로 자신보다 대접받는 것이 늘 불만이다.

탈구타이

키야트 부족에서 예수게이의 자리를 노리던 중, 예수게이가 죽자 자신의 가문인 타이치오드 가문의 세력을 키우고 테무친 일가를 부족에서 내쫓는다. 부족의 이름을 타이치오드 부족으로 바꿔 버린다.

자무카

테무친의 첫 번째 안다로, 자다란 부족 출신이다. 어린 시절에는 단짝으로 서로 도움을 주었지만 자라면서 라이벌이 된다. 특히 테무친이 칸의 자리에 오르며 대립하게 된다.

보르테

테무친의 아내로, 옹기라트 부족의 족장인 테이 세젠의 딸이다. 아홉 살에 테무친과 약혼을 하고 묵묵히 결혼을 기다린다. 테무친에게는 든든한 조언자이자 후원자이다.

보오르추

테무친의 두 번째 안다로, 아틀라트 부족 출신이다. 후에 칭기즈 칸의 왼팔이라고 할 정도로 가까운 친구이자 조력자이다. 칭기즈 칸을 위해서 목숨을 걸고 위험도 무릅쓸 정도로 칭기즈 칸을 아낀다.

초원의 약속

1174년.

아침부터 키야트 부족 마을이 떠들썩했다. 초원 위에 천막으로 지어진 수많은 게르에서 사람들이 빠져나와 예수게이와 테무친이 마을을 떠나는 것을 배웅했다.

"조심히 잘 다녀오세요."

호엘룬이 남편 예수게이에게 먼저 인사를 했다. 그리고 아들 테무친을 안아 주었다.

"사랑하는 우리 아들, 어느새 엄마보다 더 크게 자랐구나. 늘 몸조심하고, 어쩌면 오랫동안……."

호엘룬은 목소리를 바르르 떨며 말을 끝맺지 못했다. 테무친도 목이 잠시 메었는지 아무런 말도 하지 않았다.

예수게이가 먼저 고삐를 잡고 말 위에 올랐다. 테무친도 따라 말에 올랐다.

"형, 잘 갔다 와!"

카사르가 가까이 다가와 손을 흔들었다.

"카사르, 아버지와 내가 없으면 네가 장남이니까 가족들 잘 돌봐 줘! 알았지?"

테무친이 어른스럽게 말하자 카사르가 환하게 웃으며 고개를 끄덕였다.

"칫! 요깟 어린애한테 장남 노릇을 맡긴다고?"

카사르 뒤에 있던 테무친의 배다른 형 벡테르가 구시렁거렸다. 그러자 벡테르의 엄마인 소치겔이 재빨리 손으로 벡테르의 입을 막았다. 벡테르는 엄마의 손을 뿌리치듯 치우고 뾰로통 입을 내밀었다.

예수게이가 발로 말의 옆구리를 툭 건드리자 말이 천천히 앞으로 걷기 시작했다. 테무친은 손으로 말의 목덜미를 툭 치며 말을 움직이게 했다.

예수게이는 뒤돌아보지 않고 앞만 보고 나아갔다. 하지만 테무친은 자꾸 뒤를 돌아보았다. 호엘룬이 손짓으로 어서 가라고 했다.

"이랴!"

예수게이가 말의 옆구리를 세게 찼다. 그리고 몸을 앞으로 숙여 말의 갈기에 머리를 바싹 붙인 채 빠른 속력으로 말을 몰았다.

"이랴!"

테무친도 할 수 없이 아버지의 뒤를 따라 달리기 시작했다.

다그닥! 다그닥! 말발굽 소리가 요란하게 초원을 흔들었다.

테무친은 달리면서도 가끔 고개를 돌려 뒤를 돌아봤다. 그럴 때마다 사람들과 게르들이 점점 작아졌다.

얼마나 달렸을까. 주위에는 나무 한 그루, 언덕 하나 보이지 않았다. 사방을 둘러봐도 쭉 뻗은 지평선뿐이었다.

드넓은 초원에는 길이 없다. 어딜 가더라도 땅의 모양이 비슷비슷해서 하루 종일 달려도 제자리인 것처럼 느껴질 때가

많다.

 예수게이는 태양의 움직임을 보고 옹기라트 부족이 있는 곳으로 향했다.

 예수게이와 테무친은 터벅터벅 걷는 말 위에서 이야기를 나누었다.

 "아버지, 이렇게 꼭 신부를 찾아 나서야 하는 건가요? 저는 열세 살밖에 되지 않았단 말이에요."

 테무친은 자꾸 집 쪽을 향해 뒤돌아보며 물었다.

 "집 나온 지 얼마나 되었다고 벌써 집에 가고 싶은 게냐?"

 예수게이가 테무친을 쳐다보며 일부러 목소리를 낮게 깔고 말을 이었다.

 "초원의 남자들은 아홉 살이면 신붓감을 찾고 열두 살이 되면 결혼을 하는 걸 잘 알잖니. 그렇게 따지면 넌 늦은 거야."

예수게이의 말에 테무친이 입을 쭉 내밀었다.

"아버지도 스물여덟 살이 되어서야 결혼하셨잖아요."

"그거야 나는 너희 엄마와 결혼하려고 그런 거지."

테무친의 물음에 예수게이는 미소를 머금은 채 답했다.

"어머니가 그렇게 좋으세요?"

"왜?"

"지금 아버지 얼굴에 그렇게 쓰여 있거든요?"

"그런가? 말이야 바른 말이지. 너희 엄마는 아름다울 뿐만 아니라 똑똑해서 상황 판단력이 뛰어나고, 담력과 의리도 있잖니."

예수게이는 아내 호엘룬의 칭찬을 계속 이어 갔다.

"아마 사내로 태어났으면 나와 같은 부족장이 되었을지도 몰라."

"아버지, 그럼 저도 아버지처럼 나이 들어서 결혼할래요. 그러면 어머니 같은 아내를 얻을지도 모르잖아요."

"뭐라고? 하하하!"

예수게이는 테무친이 귀엽다는 듯 환하게 웃었다.

"이랴!"

예수게이가 크게 소리치며 말을 빨리 몰기 시작했다.

"이랴! 이랴!"

테무친도 아버지를 따라 말의 속도를 높였다. 두 마리의 말이 질주하자 드넓은 초원 위에 두 줄기의 흙먼지가 자욱하게 일었다.

날이 어두워질 무렵 두 사람은 강가에 이르렀다. 예수게이가 말고삐를 당겨 말을 세웠다.
"오늘은 여기서 자고 내일 이동하는 것이 좋겠구나."
예수게이와 테무친은 말에서 내렸다.
"아버지, 불을 피울까요?"
"아니다. 사방이 탁 트여 있어서 불을 피우면 멀리서도 사람이 있는 것을 알게 될 거야. 그러다 타타르 부족이라도 만나면 곤란하니까……."
예수게이는 주위를 찬찬히 살피며 말을 이었다.
"불 없이도 먹을 수 있는 말린 고기와 마유 가루를 먹는 게 좋겠구나."
예수게이는 말 옆에 달린 주머니에서 말린 고기와 마유 가루를 꺼내고, 가죽 이불도 꺼내 깔았다. 예수게이가 말 등을 툭 치자 말들도 강가로 가서 물을 마시기 시작했다.
둘은 가죽 이불에 앉았다. 예수게이가 칼로 고기를 썰어서 물에 탄 마유 가루와 함께 테무친에게 건네줬다.

"오랜만에 이렇게 먹어 보는구나. 전쟁을 하려고 이동을 할 때는 불도 피우지 않지. 그리고 말에서 내리지도 않고 말린 고기에다 마유 가루를 물에 타서 마시곤 했어."

예수게이가 하늘에 반짝이는 별들을 바라보며 말했다.

"그래야 빨리 이동할 수 있잖아요. 하루에 백 리도 갈 수 있다면서요?"

테무친이 말린 고기를 질겅질겅 씹어 먹으며 물었다.

"그렇지. 그렇게 하면 상대방이 미처 준비를 하기도 전에 공격을 할 수 있어. 너도 꼭 기억해 두렴."

"그런데……."

테무친이 말을 꺼내려 멈칫거렸다. 예수게이가 말을 해 보라는 듯 테무친의 어깨를 툭 쳤다.

"아버지, 꼭 전쟁을 해야 하나요?"

테무친이 묻자 예수게이는 하늘을 보며 길게 한숨을 내쉬었다. 그리고 천천히 말문을 열었다.

"전쟁을 하고 싶어서 하는 건 아니야. 전쟁을 해야 하기 때문에 하는 것이지."

예수게이의 말에 테무친이 고개를 갸웃거렸다. 예수게이가 말을 이었다.

"강한 자가 약한 자를 지배하는 약육강식은 초원의 가장 기

본적인 법칙이야. 만약 사이가 좋지 않은 부족에 지면 우리 부족이 그들의 노예가 되어 지배를 받게 되는 거지. 노예로 살지 않기 위해서는 전쟁에서 이겨 그들을 노예로 만드는 수밖에 없어. 노예가 되고 싶은 건 아니지?"

예수게이의 말에 테무친은 고개를 세게 흔들며 몸을 바르르 떨었다.

"그럼 싸우지 않고 살아가는 방법은 전혀 없는 건가요?"

"금처럼 왕이 나라를 다스리게 된다면 부족끼리 전쟁을 하지 않아도 될 거야. 그런데 초원에서는 국경이나 법이 없기 때문에 사이가 좋지 않은 부족끼리는 끊임없이 싸울 수밖에 없단다."

"우리가 타타르 부족과 싸우는 것처럼 말이지요?"

"그렇지. 교활한 타타르 부족은 우리의 조상들을 속이고 죽게 만들었어. 우리 보르지긴 가문의 자랑인 너의 증조할아버지 카불 칸도 초원의 부족을 통일하려고 했지. 하지만 타타르 부족이 금과 손을 잡고 카불 칸을 함정에 빠트려 죽게 만들었어. 그 일을 절대 잊어서는 안 돼!"

예수게이가 길게 한숨을 내쉬며 말을 이었다.

"은혜와 복수는 꼭 갚으라는 것이지요?"

테무친의 말에 예수게이가 테무친의 머리를 쓰다듬었다.

"그래도 아버지께서는 타타르 부족과의 전쟁에서 많이 이기셨잖아요."

"그랬지. 그 때문에 죽을 고비도 많이 넘겼지만, 타타르 최고의 장수를 죽였으니 당분간 타타르 부족은 힘을 쓰지 못할 게야."

"제 이름과 같은 테무친 장수를 말씀하시는 거지요?"

"응. 정말 대단했지. '강한 쇠'라는 이름에 어울릴 만큼 테무친은 정말 강하고 무서웠단다. 너는 앞으로 내 뒤를 이어 우리 부족을 이끌게 될 거야. 네 이름을 그 장수 이름으로 지은 것은 그만큼 강해지라는 뜻이란다."

"그래도 적의 이름이라는 게 마음에 들지는 않아요."

"누구든 용감한 사람의 이름을 따서 이름을 짓는 것이 초원의 관습이란다."

예수게이가 테무친의 머리를 쓰다듬으며 말했다.

"그런데 생각해 보면 그 테무친 장수를 무찌른 아버지가 더 강한 거잖아요."

"그런가? 그렇다고 네 이름을 내 이름과 똑같이 지을 수는 없잖니?"

"그런가요?"

테무친이 멋쩍은지 뒷머리를 긁적거렸다.

"어쨌든 저는 초원의 부족들이 서로 싸우지 않고 지냈으면 좋겠어요."

"그래. 카불 칸이 그렇게 죽지 않았다면 지금쯤 초원의 부족들이 하나로 통일되었을 텐데……. 이제는 카불 칸의 꿈을 내가 이룰 거야. 그래서 내 시대까지만 싸우고 네가 이끄는 시대에는 전쟁 없이 평화롭게 지낼 수 있도록 만들고 싶단다."

"아버지의 꿈이 꼭 이루어졌으면 좋겠어요."

테무친이 살며시 예수게이의 어깨에 머리를 기대며 눈을 감았다.

"나는 타타르 부족을 물리쳐 초원을 통일해서 왕국을 만들고 금까지 무찌르고 싶어. 쉽지는 않을 거야. 내가 그 꿈을 이루지 못하면 네가 대신 그 꿈을 이루어야 하는데……. 그렇게 해 주겠다고 약속할 수 있겠니?"

"그럼요. 아버지처럼 강한 초원의 전사가 돼서 그 꿈을 이루는 데 힘을 보태겠어요. 하지만 그 모습을 아버지가 꼭 봐 주셔야 해요. 그건 약속해 줄 수 있지요?"

"그래. 약속하마."

예수게이는 테무친의 어깨를 꼭 끌어안고 이마를 맞대 비벼 주었다.

우우우우.

멀리서 늑대 울음소리가 들려왔다. 순간 테무친은 몸을 잔

뚝 웅크리며 예수게이의 품에 파고들었다.

"방금 초원의 전사가 되겠다고 자신만만하게 말한 덩치 큰 예비 신랑이 있었는데, 고작 늑대 울음소리에 몸을 움츠리다니……."

예수게이가 테무친을 안아 주며 놀리듯 말했다. 테무친은 아랑곳하지 않고 예수게이의 품에 더 파고들었다.

달이 떠올랐다. 옅어진 어둠 속에서 예수게이와 테무친의 모습이 달빛에 비쳤다. 멀리서 달빛에 어른거리는 한 무리의 그림자가 그 모습을 지켜보고 있었다.

테무친이 태어난 곳, 몽골

몽골은 중앙아시아 내륙에 있는 국가이다. 13세기 초 칭기즈 칸이 몽골 제국을 건설했으며, 동서 여러 국가에 큰 영향을 미쳤다. 몽골 제국이 멸망하고 남은 내륙 중앙부가 1688년 청에 속하였다가 1921년 혁명을 일으켜 독립하였다. 몽골은 세계에서 손꼽히는 넓은 영토를 가진 국가이지만, 인구는 약 327만 명에 불과하다. 북서쪽 접경지대와 중앙 고원은 산악 지형이며, 남동쪽 지역은 고원으로 대부분 초원 지대인 스텝, 고비 사막 등으로 이루어져 있다.

오논강
오논강은 몽골과 러시아를 흐르는 긴 강으로 칭기즈 칸이 오논강 유역에서 태어나고 자랐다고 알려져 있다.

몽골족

몽골 초원에는 아주 오랜 옛날부터 몽골족뿐 아니라 투르크계 부족, 퉁구스계 부족 등 여러 부족이 살고 있다. 확실한 기록이 남아 있지는 않지만 메르키트족, 타타르족, 나이만족, 위구르족, 케레이트족은 투르크계 부족으로 여겨진다. 이렇게 많은 부족을 하나로 묶어 준 것은 같은 종교와 언어였다.

몽골인의 전설

몽골인의 평균 시력이 4.0이라는 말을 들어 본 적이 있는가? 몽골인의 뛰어난 시력은 드넓은 초원과 하늘 덕분이라고 한다. 몽골은 강수량이 적어 농사보다는 유목에 적합하며, 이리와 사슴은 모두 몽골의 초원에서 자주 발견할 수 있는 동물들이다. 몽골의 건국 신화에는 이런 자연환경이 잘 반영되어 있다. 하늘에서 내려온 푸른 이리가 흰 사슴을 아내로 맞아 낳은 자식의 후손들이 몽골인이 되었다는 것이다. 이 중에서 알란고아라고 하는 미녀가 창에 비친 햇빛을 받아 낳은 아기가 칭기즈 칸 부족의 직계 조상이 되었다고 한다.

안다와 신부

예수게이와 테무친은 강을 건너기 위해 얕은 강가를 찾아 강을 거슬러 올라갔다. 물길의 폭이 짧아질수록 풀이 융단같이 펼쳐진 초원에서 벗어나고 있었다. 낮은 언덕과 숲이 보였다. 언덕을 올라가자 나무 사이사이로 들꽃들이 흐드러지게 피어 있었다.

히이잉! 어디선가 말 울음소리가 들렸다. 예수게이와 테무친이 다가오는 것을 주인에게 알리려는 울음소리였다.

"누구일까요? 타타르 부족일까요?"

테무친이 걱정스러운 표정으로 예수게이에게 물었다. 예수게이는 손가락을 입술에 대며 조용히 하라고 했다. 그리고 말에서 내려 말이 조용히 할 수 있도록 머리를 쓰다듬었다. 테무친도 예수게이를 따라 했다.

"말이 한 마리뿐인 걸 보니 누군가 혼자 사냥을 나온 듯하구나. 그래도 조심해야 해!"

예수게이는 낮은 목소리로 말하며 몸을 낮추어 혼자 있는 말 주위를 살폈다.

잠시 뒤, 예수게이가 테무친에게 손가락으로 언덕 위의 숲을 가리켰다. 테무친이 자세히 보자 숲 사이로 테무친 또래의 소년이 숲속을 노려보고 있는 것이 보였다.

테무친이 살금살금 다가갔다. 그 소년은 테무친이 다가오는 것을 보고 깜짝 놀라더니 적이 아니라는 것을 알았는지 입술에 손가락을 갖다 대고 조용히 하라는 표시를 했다. 테무친이 조심스레 다가가 물었다.

"뭐 하고 있는 거야?"

"응. 토끼를 잡으려고 기다리고 있어."

소년은 손에 활과 화살을 들고 늑대처럼 숲속을 노려보며 대답했다. 테무친이 숲속을 자세히 보자 토끼 한 마리가 풀을 뜯고 있었다.

"낮은 나무들이 많아 활로 잡기는 힘들 것 같은데……."

"그렇지? 나도 그것 때문에 토끼가 나무가 덜 있는 곳으로 이동할 때까지 기다리고 있는 거야."

"활 대신 우리가 서로 힘을 합쳐서 잡으면 어떨까?"

"어떻게?"

그제야 소년이 테무친을 쳐다봤다. 소년은 자신감과 야망이 가득 차 있는, 강하고 매서운 눈빛을 가지고 있었다.

"내가 언덕 아래쪽에 내려가 있을 테니 네가 내 신호를 기다렸다가 토끼를 언덕 아래로 몰아. 그러면 내가 맨손으로 붙잡을 수 있을 것 같아."

소년은 잠시 곰곰이 생각해 보더니 고개를 끄덕였다. 테무친은 조용히 언덕 아래쪽으로 내려갔다. 예수게이는 멀리서 둘의 모습을 지켜보기만 했다.

테무친은 언덕 아래쪽에서 소년을 향해 손을 흔들었다. 그러자 소년은 토끼를 향해 바람처럼 뛰기 시작했다. 토끼가 깜짝 놀라 펄쩍 뛰어오르더니 소년이 달려오는 반대 방향으로 뛰기 시작했다. 하지만 토끼는 앞다리가 길고 뒷다리가 짧아 언덕을 내려갈 때 재빠르지 못했다. 소년이 토끼를 테무친 쪽으로 몰았다.

"이야!"

테무친이 몸을 날려 토끼를 붙잡았다. 그리고 토끼의 뒷덜미를 잡아 번쩍 들었다.

"잡았다!"

잠시 뒤, 소년이 환하게 웃으며 테무친에게 다가왔다.

"이것은 네가 가져!"

테무친이 소년에게 토끼를 건네줬다.

"아냐, 네가 의견을 내서 잡은 건데 그럴 수 없어. 네가 가져!"

"아니야. 처음부터 너는 이 토끼를 노리고 있었어. 내가 없었어도 너는 잡았을 거야. 만약 내가 이 토끼를 가져가면 도둑질과 뭐가 다르겠니? 도둑질한 자는 죽여도 된다는 초원의 법칙 몰라? 난 죽기 싫어."

테무친이 웃으며 말을 이었다.

"그리고 나는 이곳을 잠깐 지나는 길이어서 이 토끼를 가져가는 게 불편해. 그러니 네가 가져."

"절대 그럴 수 없어. 난 내 힘으로 또다시 잡을 거야!"

둘은 토끼를 두고 서로 가지라고 떠밀었다. 예수게이가 다가왔다.

"우리 아버지야."

소년이 놀랄까 봐 테무친이 소개를 해 줬다.

"너는 누구니?"

"저는 자다란 부족의 자무카라고 합니다."

"나는 키야트 부족의 예수게이란다. 그리고 이쪽은 내 아들 테무친!"

"예수게이 님이시라고요? 족장님의 이름은 초원에서 많이 들었습니다."

자무카가 예수게이에게 허리를 숙여 인사를 했다. 그리고 테무친과는 손을 잡고 인사를 했다.

"자무카, 넌 혼자서도 사냥을 나올 만큼 용감하구나!"

"테무친, 넌 지혜롭고 의리 있는 아이야! 덕분에 오늘 사냥이 재미있었어."

"사냥을 통해 짐승을 잡는 즐거움도 있지만, 나는 사냥이 전투 훈련이라고도 생각해."

"맞아. 너는 전투도 오늘처럼 지혜롭게 잘 이겨 낼 거야."

테무친과 자무카는 서로 칭찬을 하며 이야기를 나누었다.

"자무카, 토끼를 잡을 때 보니 우리 서로 잘 통하는 것 같은데 나와 안다가 되지 않을래?"

"그래. 좋아!"

테무친은 자무카와 의형제를 뜻하는 '안다'가 되기로 하고 서로의 손을 맞잡고 앉았다.

"테무친과 자무카는 서로 형제가 되어 앞으로 죽는 그날까지 서로를 돕고 배신하지 않을 것을 초원의 신께 맹세합니다."

둘은 서로의 얼굴을 보면서 큰 소리로 외쳤다.

"테무친, 내가 가진 소리 나는 화살촉을 너에게 줄게. 우리

의 우정은 화살촉처럼 단단할 거야."

"자무카, 나는 너에게 염소 뿔로 만든 목걸이를 줄게. 우리의 우정은 절대로 끊기지 않을 거야."

둘은 서로 안다의 징표를 주고받았다.

"오늘처럼 너희 둘이 힘을 합치면 앞으로 무슨 일이든 해낼 수 있겠구나!"

예수게이는 둘의 모습을 흐뭇하게 지켜보며 말했다.

"자무카, 토끼는 네가 가져가. 다음에 내가 너희 부족을 방문할 때 네가 토끼 고기를 대접해 주면 되잖아?"

"좋아, 그렇게 하자. 다음에 꼭 와야 해. 알았지?"

자무카는 테무친과 약속을 한 뒤 말 위에 올라탔다. 예수게이와 테무친은 자무카가 보이지 않을 때까지 손을 흔들어 주었다.

말을 타고 가면서 테무친이 예수게이에게 물었다.

"아버지도 안다가 있으시죠? 케레이트 부족의 토그릴 칸 말이에요."

"그렇지. 오래전에 전투에서 토그릴 칸의 생명을 구해 준 적이 있단다. 그 뒤 서로 안다가 되었지."

"그 부족은 어마어마하게 크다면서요? 그런 부족의 도움을 받으면 초원을 통일하는 데 도움이 되지 않을까요?"

"그렇지. 하지만 아무 때나 도움을 청하는 것은 바람직하지 않아. 특히 내 처지가 약해졌을 때 도움을 청하는 것은 구걸하는 것이나 다름없어. 그것은 안다에게도 도움이 되지 않지."

테무친은 예수게이의 말을 알아들을 듯 말 듯했다.

다음 날, 예수게이와 테무친은 많은 게르가 모여 있는 마을을 찾았다. 예수게이와 테무친은 마을에 들어서기 전에 한 소녀를 만났다.

"애야, 여기가 혹시 옹기라트 부족의 마을이 맞느냐?"

"네, 맞습니다. 멀리 여행이라도 가시는 모양인데, 오늘은 늦었으니 우리 마을에서 쉬고 가시지요. 여행자를 따뜻하게 반기고 대접하는 것이 초원의 관습이니까요."

소녀가 야무진 목소리로 친절하게 웃으며 말했다.

"아버지, 초대를 거절하지 않는 것도 초원의 관습이지요?"

테무친이 예수게이와 소녀를 번갈아 쳐다보며 물었다. 그러자 소녀가 테무친을 보고 배시시 웃었다. 예수게이도 환하게 웃으며 고개를 끄덕였다.

예수게이와 테무친은 소녀를 따라 마을로 들어섰다. 그러자 옹기라트 부족의 족장이 나와 두 사람을 반겼다.

"여기는 저희 아버지이자 이 부족의 족장인 테이 세젠이라 합니다."

소녀가 먼저 테이 세젠을 소개했다.

"족장님, 저는 키야트 부족의 예수게이라고 하고 여기 제 아들 테무친이라 합니다."

"아이고, 예수게이 족장님을 몰라뵈어서 죄송합니다. 오늘은 저희 집에서 묵으시지요."

예수게이와 테무친은 테이 세젠의 게르에서 머물게 되었다.

테이 세젠은 어린 양고기 중에서 가장 맛있는 부위만을 골라 구워서 예수게이와 테무친을 대접했다. 저녁을 먹은 뒤 예수게이와 테이 세젠이 이야기를 나누었다.

"예수게이 족장님, 테무친의 신붓감을 구하러 왔다는 이야기를 들었습니다. 사실 제가 며칠 전에 꿈을 꾸었는데, 하얀 매가 양쪽 발에 태양과 달을 움켜쥐고 날아오더니 제 팔에 앉는 꿈이었습니다. 귀한 두 사람이 저를 찾아오는 꿈이라고 생각했는데, 이렇게 두 분이 저를 찾아와 주셨군요. 그래서 하는 말인데……."

테이 세젠은 예수게이에게 꿈 이야기를 해 주며 넌지시 말을 이었다.

"테무친의 신붓감으로 제 딸 보르테는 어떻습니까?"

예수게이는 마을에 들어설 때 봤던 야무진 소녀를 떠올렸다. 주위를 둘러보니 보르테는 테무친과 함께 마을을 살펴보고 있었다.

"둘이 무척 잘 어울리는군요. 그렇게 합시다. 허허허!"

예수게이는 망설이지 않고 보르테를 테무친의 신붓감으로 정했다.

다음 날, 예수게이와 테이 세젠은 테무친과 보르테를 불렀다.

"얘들아, 우리는 너희를 약혼시키기로 결정했다."

예수게이의 말에 테무친과 보르테는 얼굴을 붉히며 고개를 숙였다.

"초원의 풍습대로 남자는 약혼을 하게 되면 얼마간 여자의 집에서 살아야 한다. 그리고 결혼식을 올린 뒤에 부부가 함께 남편이 살던 곳으로 가는 거다. 알고 있지?"

테이 세젠의 말에 테무친과 보르테가 고개를 끄덕였다.

"그렇다면 약혼의 의미로 서로의 손을 꼭 잡아라!"

예수게이의 말에 테무친과 보르테는 손을 꼭 잡았다. 테무친의 심장이 떨리는 소리가 보르테의 손을 타고 전해졌다. 보르테의 손도 바르르 떨렸다.

간단한 약혼식이 끝나고 보르테는 테무친을 데리고 양들이 있는 곳으로 갔다.

"테무친, 앞으로 우리가 이 양들을 돌봐야 해. 그나저나 앞으로 부모님과 오랫동안 떨어져 지내야 하는데, 괜찮겠어?"

"그럼. 아버지께서 그러시는데 어린아이들은 부모 곁을 떠나야 더 많은 것을 배울 수 있대. 그리고 어린 매는 스스로 날 수 있어야 날개가 튼튼해지는 법이고. 보르테, 너와 나중에 꼭 결혼할 수 있도록 내가 뭐든 열심히 할 거야!"

테무친의 말에 보르테는 아무 대답 없이 얼굴만 붉혔다.

저녁이 되자 예수게이가 테무친을 불렀다.

"테무친, 앞으로 이곳에서 많은 것을 배우도록 해라. 그리고 나와 엄마, 형제들이 보고 싶더라도 인내심을 가지고 결혼할 때까지 기다릴 수 있지?"

예수게이의 말에 테무친이 고개를 끄덕였다.

"너는 며칠 사이에 안다와 신부를 얻었어. 세상에서 가장 중요한 것을 한꺼번에 얻은 거야."

"얻는 것이 있으면 잃는 것도 있다고 했는데, 갑자기 많은 것을 얻게 되니까 불안해요."

테무친이 걱정스러운 표정으로 예수게이를 바라보았다.

"그런 걱정은 하지 마라. 앞으로 너는 이보다 더 많은 것을 얻게 될 테니까……."

예수게이가 테무친의 머리를 쓰다듬어 주며 안심시켰다.

몽골인의 혼인

몽골 남자들은 여러 명의 아내를 둘 수 있었다. 칭기즈 칸도 여러 아내를 두었지만 왕비는 언제나 보르테였다. 보르테와 테무친은 슬하에 아들 네 명을 두었다. 칭기즈 칸이 죽은 뒤에는 그의 아들들과 손자들이 몽골 제국을 다스렸다.

데릴사위제

동북아시아의 유목민들 사이에서 흔하게 행해졌던 데릴사위제는 결혼 전이나 후에 남편이 아내의 집에 머물던 풍습이다. 데릴사위제는 딸만 있는 집에서 사위를 양자 삼아 받아들여 노동력을 보충하는 것이 가장 일반적인 형태이지만 지역에 따라 차이를 보이기도 한다. 우리나라의 경우에도 일부 지역에서 데릴사위제가 행해졌는데, 특히 고려 시대에 크게 성행했다. 몽골 침입 이후 결혼 적령기의 처녀들이 몽골에 공녀로 끌려가는 경우가 많았기 때문에 딸이 어렸을 때 미리 사위를 들인 것이다.

칭기즈 칸과 보르테

몽골 제국 통일 이전의 몽골 부족

케레이트족

몽골고원의 남쪽을 차지하고 있었던 부족이다. 통일되기 전 가장 막강한 힘을 가진 부족이었다. 토그릴 칸이 지배했다.

타타르족

몽골고원의 동남쪽을 차지하고 있었다. 할아버지 카불 칸을 함정에 빠트려 세상을 떠나게 만들었다. 칭기즈 칸의 원수인 부족이다.

메르키트족

바이칼호 남쪽에 위치한 부족이다. 몽골 4대 부족 중 하나로 강한 세력을 가진 부족이었다. 칭기즈 칸의 아내 보르테를 납치했다가 칭기즈 칸의 공격을 받아 멸망하고 만다.

나이만족

몽골고원의 서남쪽에 위치했다. 칭기즈 칸이 이끈 연합군은 기습 작전으로 나이만족을 공격하여 승리했다.

옹기라트족

몽골 동쪽을 차지했던 부족이다. 옹기라트족의 테이 세젠은 어린 칭기즈 칸을 보자마자 그의 비범함을 알아보고 딸과 결혼시키려고 했다.

아버지를 잃은 가족

며칠 뒤, 예수게이는 테무친을 옹기라트 부족에 남겨 두고 키야트 부족이 있는 곳으로 향했다.

가는 길에 몇 개의 게르가 모여 있는 것이 보였다. 게르에 있던 사람들이 예수게이를 봤는지 어서 오라고 손을 흔들었다.

'모르는 부족인데? 갈 길이 급하긴 하지만 초대를 거절하지 않는 초원의 풍습이 있으니 안 갈 수도 없고…….'

예수게이는 망설이다 게르들이 있는 곳으로 갔다.

"나그네여, 우리가 방금 술과 고기를 먹기 시작했는데 함께 드시고 가시오."

"그러지요. 이렇게 귀한 음식들을 주신다니 조금만 먹고 길을 떠나겠습니다."

예수게이는 말에서 내려 사람들 곁으로 갔다. 예수게이는 활과 칼을 곁에 두며 주위를 경계하는 것을 게을리하지 않았다.

그때 키가 마차 바퀴 정도 될 법한 어린 소년이 마유로 만든 술과 고기를 들고 왔다.

"마유로 만든 최고의 술입니다. 부드러운 고기와 함께 드시면 피로가 풀리실 거예요."

"고맙구나!"

어린 소년이 술과 고기를 건네주자 예수게이는 긴장을 풀고 음식을 먹었다.

"나그네는 얼굴빛이 좋은 걸 보니 무슨 좋은 일이 있으셨나 봐요?"

주위에 있던 사내가 물었다.

"허허. 그렇게 보이시오? 내가 아들을 약혼시키고 집으로 돌아가……."

그 순간, 예수게이는 더 이상 말을 이을 수 없었다. 배가 칼로 베이는 듯 아팠다. 주위에 있던 사람들이 깔깔깔 웃으며 예수게이를 쳐다보고 있었다.

'앗! 내가 방심했구나!'

"예수게이도 독에는 별수 없군. 이제야 내 아버지, 테무친의 원수를 갚을 수 있게 되었어."

예수게이에게 술과 음식을 주었던 어린 소년이 품에서 칼을 빼어 들었다.

'이 아이가 테무친의 아들이라고? 그렇다면 이 사람들은 타타르 부족?'

예수게이는 순간적으로 몸을 일으켜 말을 향해 뛰었다. 사람들이 예수게이를 붙잡으려고 뛰어오는 소리가 들렸다. 예수게이는 죽을힘을 다해 말 위에 올라탔다.

"이랴! 이랴! 이랴!"

말이 달리기 시작했다. 그리고 예수게이는 말의 갈기를 붙잡은 채 말 등에 쓰러졌다.

매애 매애! 사람들이 깊은 잠에 빠진 새벽, 양들이 이리저리 뛰어다니며 울어 댔다.

'늑대라도 온 것일까?'

테무친은 자리에서 일어나 양 떼가 있는 곳으로 갔다. 늑대는 보이지 않았다. 하지만 양들은 불안함에 잠을 이루지 못하고 이리저리 서성거렸다. 테무친이 양들 가까이에 다가가 앉자 그제야 양들이 엎드려 눈을 감았다. 양들이 조용해지자 테무친도 졸음이 밀려왔다.

그때 멀리서 말발굽 소리가 세차게 들려왔다. 누군가 급하게 마을로 달려오고 있었다. 그 바람에 양들도 테무친도 잠이 깨고 말았다.

"테무친! 테무친!"

새벽 어스름에 말에서 내린 사람은 급한 목소리로 테무친을 찾았다. 키야트 부족의 뭉릭이었다. 뭉릭은 테무친을 보자마자 서둘러 말에 태웠다.

"테무친, 아버지께서 위독하셔. 빨리 가야 해!"

"뭐라고요?"

테무친은 소스라치게 놀라며 얼굴이 굳어졌다.

"자세한 이야기는 가면서 해 줄게."

새벽의 소란스러움 때문에 옹기라트 부족의 사람들이 모두 깨어났다. 족장인 테이 세젠과 보르테도 나왔다.

"장인어른!"

"어서 가 보게!"

테무친의 표정을 읽은 테이 세젠은 어서 가 보라고 손짓을 하며 말했다.

"보르테, 금방 돌아올게!"

"알았어. 기다리고 있을 테니 꼭 돌아와야 해!"

테무친은 말 위에서 몸을 낮춰 보르테의 손을 잡으며 약속했다. 테무친과 뭉릭은 서둘러 말을 몰았다. 잠시 뒤, 태양이 떠올랐지만 멀리 떠난 둘의 모습은 보이지 않았다.

"아버지, 테무친은 돌아오겠지요?"

보르테가 넌지시 물었다.

"예수게이가 죽는다면 키야트 부족에게 어떤 일이 생길지 모르겠구나. 어쩌면……."

테이 세젠은 말을 끝맺지 못했다. 테무친이 떠난 곳을 바라보던 보르테의 눈에 눈물이 그렁그렁 맺혔다.

테무친과 뭉릭은 쉬지 않고 말을 몰았다.

"족장님은 타타르 부족에 속아 독이 든 술과 음식을 먹고는 지금 매우 위독하셔!"

뭉릭의 이야기를 들은 테무친은 온몸에서 피가 요동치며 부글부글 끓어올랐다. 그리고 아버지에 대한 걱정으로 눈물이 흐르기 시작했다.

'아버지, 아버지! 제발 돌아가시지 마세요!'

말이 세찬 바람을 가르며 달릴 때마다 테무친의 눈물방울이 초원 위로 흩어졌다.

테무친은 해가 뉘엿뉘엿 기울어져 갈 때가 되어서야 집에 도착할 수 있었다.

"아버지! 아버지!"

테무친이 소리를 지르며 게르 안으로 들어갔다.

예수게이 주위에 가족들과 부족의 어른들이 모여 있었다.

"테무……친!"

예수게이는 마지막 힘을 다해 테무친을 찾았다. 테무친이 예수게이의 손을 꼭 쥐었다. 테무친의 눈물이 예수게이의 손에 툭 떨어졌다.

"네가 이 부족을 이끌 내 후……계자다. 알았지?"

예수게이의 말에 테무친은 눈물을 흘리며 고개를 끄덕였다.

"테무친, 반드시 마차 바퀴……보다 더 큰 타타르의 남자……들은 모두 죽여…… 버려라. 한 명도 남김없이……."

"네. 반드시 아버지 말씀대로 하겠습니다."

테무친이 예수게이의 눈을 보며 말했다. 예수게이는 테무친을 쳐다보며 마지막 미소를 짓고 테무친의 손을 힘주어 잡았다. 그리고 그대로 눈을 감았다.

"아, 아버지!"

"족장님!"

가족과 부족 사람들은 예수게이의 죽음을 슬퍼하며 눈물을 흘렸다. 테무친의 눈에도 눈물이 쉼 없이 흘러내렸다.

그때 호엘룬이 테무친의 어깨를 잡았다.

"이제 그만 울어라."

호엘룬의 목소리에 테무친은 입술을 깨물며 눈물을 멈추었다.

'아버지, 초원을 통일하겠다고 하셨잖아요. 그리고 제가 초원의 전사가 되는 것을 꼭 보겠다고 약속하셨잖아요.'

테무친은 목이 메었다. 하지만 주먹을 힘껏 쥔 채 눈에 힘을 주며 눈물을 참아 냈다. 테무친은 자리에서 일어나 밖으로 나갔다. 차가운 밤공기가 얼굴을 스쳤다.

'아버지, 전 카불 칸의 후손이자 아버지의 아들이에요. 반드시 아버지께서 이루지 못한 꿈을 이루겠어요. 그리고 아버지의 마지막 유언도 꼭 이루고 말겠어요.'

테무친은 두 주먹을 불끈 쥐었다.

예수게이의 장례식이 끝나고, 호엘룬이 가족들을 불러 모았다.

"이제 슬픔은 잊고 가족들과 부족을 생각해야 한다. 아버지가 없으니 우리가 힘을 모아 생계를 이어야 하고 부족을 이끌어야 해. 지금부터 우리 집안의 가장은 테무친이다. 그러니 모두들 테무친의 말을 잘 따라야 한다."

호엘룬의 말에 가족들은 고개를 끄덕였다. 하지만 벡테르는 쓴웃음을 지었다.

'쳇! 이제 아버지도 없는데 내가 저 어린 테무친의 말을 들을 것 같아?'

벡테르는 고개를 설레설레 흔들며 호엘룬과 테무친을 쏘아보았다.

호엘룬은 테무친을 따로 불렀다.

"테무친, 네가 제일 힘들 거야. 아버지의 뒤를 이어 가족과 부족을 이끌어야 하니까."

"가족들이야 저와 함께하겠지만, 부족 사람들이 어린 저를……."

테무친은 자신이 없다는 듯 말꼬리를 흐렸다.

"테무친, 초원에서는 나이가 많다고 윗사람이 되는 것이 아니야. 부족 사람들이 어떻게 행동할지는 네가 어떻게 하느냐에 달려 있어. 네 권리는 네가 지켜야 해. 네 권리를 지키지 못하면 패배자가 될 뿐이야."

호엘룬이 다그치듯 테무친에게 용기를 불어넣었다. 하지만 테무친은 여전히 자신 없는 표정이었다.

테무친은 잠시 혼자 말을 타고 마을 밖을 돌았다.

'나에겐 이제 어머니와 형제들이 남아 있어. 그리고 아버지가 이끌던 부족도 있고. 어떻게든 아버지에게 부끄러운 아들이 되지 말아야 해!'

테무친은 스스로 마음을 다잡았다.

테무친은 게르로 돌아가 형제들을 불러 모았다. 테무친의 남동생인 카사르, 카치운, 테무케와 이복형제인 벡테르, 벨구테이가 모였다.

"테무룬은?"

테무친이 막내 여동생인 테무룬을 찾았다.

"형, 걔는 너무 어리잖아. 아직 어머니 품에 안겨 있을걸?"

카사르가 웃으며 말했다.

"아까 어머니 말씀 잘 들었지? 우리는 앞으로도 평소처럼 자기 할 일을 하면서 지내야 해. 가축도 돌보고, 낚시도 하고, 활쏘기 연습도 하고, 씨름 연습도 하면서 말이야. 알았지?"

테무친의 말에 형제들은 고개를 끄덕였다. 하지만 벡테르는 아무 대답도 하지 않았다.

"벡테르, 왜 대답하지 않는 거야?"

"내가 왜 나이도 어린 네 명령을 들어야 하는데?"

벡테르는 불쾌한 마음을 숨기지 않았다.

"내가 가장이니까!"

"사실 따지고 보면 내가 장남 아냐? 네가 할 수 있는 게 뭔데? 가축을 돌보는 일도, 활쏘기나 낚시도 내가 너보다 잘하잖아?"

"초원에서는 나이가 많다고 윗사람이 되는 것이 아니라는 거 잘 알잖아?"

"그거야 네가 나보다 더 능력이 있을 때 하는 말이지. 네가 나보다 잘하는 게 뭐야?"

벡테르의 말에 테무친은 아무 대꾸도 할 수 없었다.

"벡테르 형, 어머니와 아버지께서 테무친 형에게 가장이 되라고 하셨으니까 따라 주면 안 될까?"

카사르가 말했다.

"형, 우리 싸우지 말자. 응?"

벡테르의 친동생인 벨구테이도 벡테르의 팔을 붙들며 말했다. 그러자 벡테르는 아무 말 없이 게르 밖으로 나가 버렸다.

테무친의 가족뿐만 아니라 키야트 부족 사람들도 예수게이가 죽은 뒤 앞으로 어떻게 살아야 할지에 대해 이야기를 나누었다.

"이제 우리 부족은 어떻게 되는 거야?"

"열세 살밖에 안 된 테무친이 우리 부족을 이끌 수 있을까?"

"차라리 호엘룬이라면 모를까. 테무친으로는 어림도 없을 것 같은데?"

"강력한 족장이 없으면 다른 부족의 공격을 받기 쉽잖아?"

"그러게. 이대로 기다리기보다는 우리도 살길을 찾아 나서야 하는 게 아냐?"

부족 사람들은 테무친 가족들과 조금씩 멀어지기 시작했다.

테무친도 부족 사람들의 이야기를 소문으로 들었다. 그럴 때마다 눈앞이 캄캄해지는 것 같았다.

'이러다가 부족 사람들이 뿔뿔이 흩어지면 어떡하지? 부족을 지키기 위해서 내가 도대체 뭘 해야 하는 거지?'

테무친의 머리는 시간이 지날수록 복잡해지기만 했다.

몽골인의 주식

이동 생활을 하는 몽골인들은 주로 무엇을 먹을까? 몽골인들은 들에서 나는 채소를 먹기도 하고, 들짐승을 사냥해 고기를 먹기도 했다. 또 키우던 가축을 잡아먹기도 했다. 몽골인들이 기르는 가축은 전체 인구보다 그 수가 더 많을 정도이다. 이 때문에 초원에 사는 그들에게 동물의 젖을 짜는 건 일상적인 일이다. 몽골인들은 봄과 여름에는 말이나 양의 젖을 먹고, 그것으로 요구르트와 치즈를 만들어 먹기도 한다. 그리고 겨울에는 주로 고기를 먹는다.

몽골 치즈

아이락
마유로 만든 술인 아이락이다.

몽골의 전통 의상

몽골의 전통 의상은 '델'이라고 한다. 말을 타거나 사냥을 할 때 손등을 보호하기 위해 옷소매가 긴 것이 특징이다. 델은 소매가 넓은 한복의 두루마기 또는 긴 코트처럼 생겼는데, '부스'라고 하는 허리띠를 착용한다. 길이가 약 3미터 정도 될 정도로 길고 화려한 장식의 부스는 델의 맵시를 살려 준다.

델은 계절에 따라 다르다. 여름용은 홑겹이고, 봄·가을용은 솜을 누벼 입는다. 겨울용은 양털이나 낙타털을 덧대어 만든다. 색상이 화려하고 보온성이 뛰어난 게 특징이다.

델을 입을 때는 '말가이'라고 하는 모자를 쓰고, '고탈'이라고 하는 신발을 신는다.

따돌림

예수게이를 따르던 키야트 부족에는 테무친의 보르지긴 가문 외에도 많은 가문이 모여 있었다. 그중에서도 가장 큰 가문인 타이치오드 가문의 탈구타이는 예전부터 예수게이와 맞서며 키야트 부족의 족장이 되고 싶어 했다.

'테무친만 없애면 이 모든 것을 내가 차지할 수 있을 텐데…….'

예수게이가 죽자 탈구타이는 어떻게든 키야트 부족을 차지하고 싶었다. 그래서 몰래 벡테르를 불렀다.

"벡테르, 사실 나는 너를 보르지긴 가문의 진짜 장남이라고 생각하고 있었다. 너는 테무친보다 나이도 많고 힘도 좋아 보르지긴 가문을 잘 이끌 수 있을 텐데……."

탈구타이는 벡테르의 표정을 살피며 말을 이었다.

"사실 예수게이가 없는 테무친은 아무것도 아니잖아?"

탈구타이의 말에 벡테르가 자기도 모르게 고개를 끄덕였다.

"그래서 말인데 네가 테무친을 없애 버리기만 한다면……."

순간 벡테르의 눈이 동그랗게 커졌다. 그리고 고개를 절레절레 흔들었다.

"제가 그런 일을 어떻게……."

탈구타이가 벡테르의 어깨를 꽉 붙잡았다.

"벡테르, 잘 생각해 봐! 테무친이 어른이 된 뒤에도 너를 형으로 인정할 것 같아? 그리고 테무친만 없애면 테무친이 가지고 있는 말, 소, 양이 모두 네 것이 될 수 있어. 네 인생에 이런 기회는 두 번 다시 오지 않을 거야!"

탈구타이의 말에 벡테르의 마음이 흔들렸다.

집으로 돌아온 벡테르는 탈구타이의 말이 자꾸만 떠올랐다.

'아버지도 그동안 두 번째 부인의 아들이라며 날 장남으로 인정해 주지 않으셨어. 내가 제일 나이가 많은데도 장남 대접을 못 받는 건 억울해!'

벡테르는 그동안 쌓인 울분으로 두 주먹을 꼭 쥐었다.

"형, 무슨 일 있어?"

벡테르의 심상치 않은 분위기를 이상하게 여긴 벨구테이가 물었다. 벨구테이의 말에 소치겔도 벡테르를 쳐다봤다.

"어머니, 우리 셋만이라도 이 부족을 떠나면 안 될까요?"

"벡테르, 우리를 받아 줄 부족은 초원 어디에도 없단다. 이곳을 나가면 우린 살아남을 수 없을 거야."

"그럼 테무친을 없애 버리고 우리가 이곳의 주인이 되는 것은 어때요?"

벡테르가 눈을 부릅뜨고 말했다. 소치겔과 벨구테이는 서로 얼굴을 바라보며 화들짝 놀랐다.

"벡테르, 네가 오죽 답답하면 그런 마음까지 가졌을지 이해할 수 있다. 하지만 그래서는 안 된다. 그건 올바른 방법이 아니야. 만약 그런 일이 일어난다면 부족 사람들도 너를 용서하지 않을 거야."

소치겔이 덩치가 큰 벡테르의 어깨를 끌어안고 다독거리며 말했다. 벡테르는 한없이 눈물만 흘렸다.

며칠 뒤, 테무친의 가족은 예수게이를 추모하기 위해 초원으로 나섰다. 가족들은 초원 한가운데에서 예수게이가 입던 옷들을 태웠다.

'아버지, 아버지가 안 계시니까 너무 힘들어요. 하지만 이겨 낼 거예요. 꼭 지켜봐 주세요.'

테무친은 하늘로 올라가는 연기를 보며 마음속으로 기도를 했다.

해 질 녘이 되어서야 테무친 가족은 마을로 돌아왔다. 그런데 마을의 원로들이 탈구타이의 게르에서 나오고 있었다. 원로들은 테무친 가족을 보고는 못마땅한지 눈살을 찌푸렸다. 게다가 테무친 가족을 바라보는 부족 사람들의 눈빛도 평소와 달랐다.

호엘룬이 원로들에게 고개를 숙여 인사했다.

"호엘룬, 오늘 마을 제사에는 왜 안 온 건가?"

한 원로가 물었다.

"네? 오늘이 마을 제사였어요? 내일 하기로 했던 거 아니었나요?"

호엘룬은 너무 놀라 눈이 동그래졌다. 테무친 가족 모두 서로의 얼굴을 쳐다보았다.

"부족의 제사에는 어느 누구도 빠져서는 안 된다는 것을 잘 알고 있을 테지? 그리고 부족의 제사에 빠진다는 것은 부족의 일원이 되지 않겠다는 뜻이라는 것도 잘 알고 있겠지?"

탈구타이가 쓴웃음을 지으며 테무친에게 말했다.

"탈구타이, 분명 저에게 내일 제사를 지낸다고 했잖아요?"

호엘룬이 탈구타이에게 따지듯 물었다.

"제가 그렇게 알렸다고요?"

탈구타이가 무슨 말이냐는 듯 되물었다.

"저는 오늘이 제사라고 알려 줬는데요?"

"아니, 분명 내일이라고 했어요."

호엘룬이 탈구타이를 노려보며 말했다. 탈구타이가 어이가 없다는 듯 웃었다. 그리고 원로들과 주위에 있던 부족 사람들을 쳐다보았다.

"여러분, 제가 잘못 말한 걸까요, 아니면 호엘룬이 잘못 들은 걸까요? 그것도 아니라면 일부러 마을 제사에 빠진 걸까요?"

탈구타이의 말에 사람들이 웅성거렸다.

"호엘룬이 요즘 정신이 없어서 날짜를 잘못 들었을 거야."

"맞아. 나도 탈구타이에게 오늘이 제사라고 들었는데?"

부족 사람들은 모두 탈구타이의 편을 들었다. 호엘룬은 어이가 없어 헛웃음밖에 나오지 않았다.

"허! 적반하장도 유분수지. 호엘룬, 당신이 나를 거짓말쟁이로 몬 것은 부족의 규칙에 따라 엄하게 처벌해야 해요. 하지만 예수게이를 생각해서 그것만은 하지 않겠습니다."

주변에 있던 부족 사람들은 탈구타이의 말이 옳다는 듯 고개를 끄덕였다.

"탈구타이, 꼭 그렇게까지 해서 저를 웃음거리로 만들어야 했나요?"

호엘룬이 두 주먹을 불끈 쥐고 탈구타이를 노려봤다.

"호엘룬, 계속 그렇게 나를 공격한다면 나도 더 이상 참을 수 없소!"

탈구타이도 지지 않겠다는 듯 으름장을 놓았다.

"어머니, 참으세요. 우선 집으로 돌아가요."

테무친이 호엘룬의 팔을 잡아끌고 집으로 향했다. 집으로 돌아온 호엘룬은 두 눈을 부릅뜬 채 가만히 게르의 하얀 벽을 노려보았다. 테무친을 비롯한 가족들은 모두 아무 말도 쉽게 꺼낼 수 없었다.

다음 날, 아침부터 마을이 시끄러웠다.

테무친이 밖으로 나가자 부족 사람들이 게르의 천막을 거둬 마차에 싣고 있었다. 테무친이 게르를 걷고 있는 카이루에게

다가갔다.

"카이루 아저씨, 왜 게르를 걷고 있는 거지요?"

"응. 어제 제사를 하면서 부족 회의도 함께 했는데, 오늘 다른 곳으로 떠나기로 했어."

"네? 아직 초원의 풀이 많이 남아 있잖아요."

"초원의 풀 때문이 아니라 혹시 다른 부족이 쳐들어올까 봐 미리 다른 곳으로 옮기기로 했어."

"네? 그런데 왜 우리한테는 알려 주지 않았어요?"

"그거야, 어제 부족 회의에 참석하지 않아서……."

카이루는 말끝을 흐렸다.

그때 옆 게르에서 베르카가 하품을 하면서 나왔다.

"카이루, 부지런하군. 난 어제 마셨던 술이 아직 덜 깼어. 타타르 부족에 당한 것같이 정신이 없네, 하하하!"

베르카는 카이루의 등을 치며 말했다. 카이루가 눈치로 옆에 테무친이 있다는 것을 알려 줬다. 베르카는 테무친을 보고 멋쩍은 표정을 지었다.

"베르카 아저씨, 지금 우리 아버지께서 타타르 부족이 건넨 술을 마시고 돌아가셨다고 놀리는 건가요?"

테무친이 목소리를 높여 말했다. 베르카는 아무 대꾸도 하지 않고 서둘러 게르의 천막을 치우기 시작했다.

테무친도 더 이상 뭐라 할 수 없었다.

테무친은 게르로 돌아가서 호엘룬을 찾았다.

"어머니, 부족 사람들이 모두 게르를 걷고 있어요."

호엘룬은 이미 알고 있다는 듯 담담한 표정으로 고개를 끄덕였다.

"그럼 우리도 게르를 걷고 함께 따라가야 하는 거 아닌가요?"

테무친의 말에 호엘룬이 고개를 저었다.

"테무친, 저들은 이곳을 떠나면서 우리를 데려가지 않을 거야. 아니, 우리를 받아 주지 않을 거야. 어제 부족 제사에 참석하지 않았으니까."

"뭐라고요?"

"저들이 떠나는 것은 키야트 부족과 예수게이와의 인연을 끊으려고 하는 것이란다. 누군가를, 아니 탈구타이를 따라 떠나겠지. 그리고 부족 이름도 바꾸고 족장도 새로 뽑을 거야. 탈구타이가 되겠지만."

호엘룬의 말에 테무친은 아무 대꾸도 하지 못했다. 눈에서 눈물이 핑 돌았다. 하지만 테무친은 입술을 깨물며 눈물을 참아 냈다.

"어머니, 그래도 작은아버지들은 남겠지요?"

테무친이 묻자 호엘룬은 고개를 저었다.

"말리지 마라. 소용없을 게다."

테무친은 호엘룬의 말이 끝나기도 전에 서둘러 작은아버지들의 게르를 찾아갔다. 작은아버지들도 게르의 천막을 치우고 자작나무 기둥을 마차에 싣고 있었다.

"작은아버지들도 떠나시는 건가요?"

테무친의 작은아버지들은 미안하다는 듯 고개를 숙였다.

"작은아버지들도 떠나시면 우리 가족은 어떻게 해요? 우리 보르지긴 가문은 어떻게 되냐고요?"

테무친이 소리쳤다.

"테무친, 지금은 가문을 생각할 때가 아니야. 우선 살고 봐야지. 만약 다른 부족이 쳐들어오기라도 한다면 우리는 재산을 모두 빼앗기고 노예가 되고 말 거야."

"그렇다고 탈구타이를 따라가겠다는 건가요?"

"우리는 탈구타이를 따라가지는 않을 거야. 다른 힘 있는 부족을 찾아가 함께 살자고 해야겠지."

작은아버지들의 목소리에는 힘이 없었다.

"형제간의 우애가 그렇게 약했단 말인가요?"

테무친이 버럭 소리를 질렀다.

"미안하다. 만약 너희를 데리고 간다고 하면 부족의 법칙대로 우리까지 함께 따돌림을 받게 되거든. 우리도 가장으로서 가족들을 생각하지 않을 수 없구나."

"테무친, 어떻게든 살아남아라. 언젠가 우리가 힘을 갖게 되면 다시 모이자. 응?"

작은아버지들의 말에 테무친의 입에서는 헛웃음이 나왔다.

"무척 힘이 되는 말씀을 해 주시는군요. 부족에게 버림받는 것이 죽음을 뜻하는 것을 잘 아시잖아요. 그래서 작은아버지들도 떠나는 거고요. 그런데도 저희 가족들과 인연을 끊겠다고요? 그리고 살아남으라고요? 힘을 갖게 되면 다시 모이자고요? 정말 그렇게 될 수 있을 거라 생각하시는 건가요?"

테무친의 말에 작은아버지들은 고개를 숙인 채 아무 대꾸도 하지 못했다.

해가 중천에 떠오를 무렵, 탈구타이의 마차가 앞장을 섰다. 그리고 그 뒤로 부족 사람들이 뒤따랐다. 작은아버지들은 탈구타이와 다른 방향으로 마차를 움직였다.

호엘룬은 사람들이 떠나는 순간까지 게르 밖으로 나오지 않았다.

'얼마 전까지만 해도 아버지를 따르던 사람들이……'

테무친은 배신감에 가슴이 타올랐다.

몽골의 종교

몽골에서는 특별한 교리가 있는 종교가 아니라 주로 무당이 점을 치거나 예언을 하는 샤머니즘을 믿는 경우가 많았다. 그러나 대체적으로 종교에 관대해서 동유럽과 가까운 일부 부족에는 기독교의 일파가 퍼져, 상당수가 기독교 교리를 믿는 경우도 있었다. 몽골이 중국을 정복한 뒤에는 불교가 유행했으며, 특히 티베트 불교인 라마교가 널리 성행했다. 현재에는 라마교인의 수가 가장 많으며, 이슬람교, 기독교 등이 뒤를 잇는다.

티베트 불교 탑

주술사

몽골의 주술사들은 오랜 경험을 통해 초원의 복잡한 기후를 예측할 수 있었다. 그런데 몽골의 유목민들에게는 마치 주술사들이 주술로 날씨를 변화시키는 것처럼 보였다. 그래서 전쟁에 유리한 날씨를 만들기 위해 주술사들을 전쟁터에 데려가곤 했다. 하지만 초원의 날씨는 가끔씩 주술사들의 예측을 벗어나 정반대 상황을 만들어 내기도 했다. 칭기즈 칸을 반대하던 부족들이 주술이 빗나간 것을 보고 하늘이 칭기즈 칸을 도왔기 때문이라고 믿어, 칭기즈 칸을 더욱 두려워하게 되었다는 이야기도 있다.

몽골의 오보
흙, 돌, 풀 등으로 쌓은 제단이다.

도망

키야트 부족의 마을이 있던 자리에는 호엘룬의 게르와 소치겔의 게르, 두 개만 남았다. 그리고 테무친의 가족 아홉 명만 달랑 남았다.

"어머니, 사람들이 떠나면서 우리 것을 다 가져가 버렸어요. 말과 소, 양 모두 말이에요. 아니, 다 도둑맞은 거라고요."

카사르가 울상을 지으며 호엘룬에게 말했다.

"그럼 그 도둑놈들은 초원의 법칙대로 다 죽여야 하는 거 아니에요?"

테무친도 주먹을 쥐며 말했다.

"힘이 있으면 그렇게 해 보든지."

옆에서 벡테르가 비웃었다. 테무친이 벡테르를 향해 씩씩거리자 호엘룬이 손을 휘휘 내저으며 말렸다.

"초원에서는 모든 게 부족하다. 그리고 부족한 것을 채우기 위해 남의 것을 빼앗는 것은 당연한 일이지. 그것도 초원의 법칙이니 너무 탓하지 마라. 그래도 우리 식구 수대로 말 아홉 필과 마차는 남아 있지 않느냐."

"전부 늙은 말뿐이란 말이에요."

카사르가 불만이라는 듯 구시렁거렸다.

"늙은 말이라고 무시하지 마라. 늙은 말은 초원과 사막에 대해 젊은 말보다 더 잘 알고 있다. 분명 우리가 살아가는 데 도움이 될 거야. 그보다 우리에게 가장 큰 위험은 절망하는 마음이란다."

호엘룬의 말에 테무친이 두 주먹을 불끈 쥐어 보이며 야무지게 대답했다.

"어머니, 무슨 일이 있어도 제가 우리 보르지긴 가문을 일으켜 세워 부족을 다시 모이게 하겠습니다."

"그렇게 되기 전에 굶어 죽게 생겼구먼."

벡테르가 구시렁거렸다. 그러자 소치겔이 고개를 저으며 그만하라는 눈빛을 던졌다.

"카사르, 동생들 활쏘기 연습 시켜!"

테무친의 말에 카사르가 동생들을 이끌고 밖으로 나갔다.

"애들아, 활을 쏠 때는 바른 자세와 마음가짐이 중요해. 당길 때는 느리게, 쏠 때는 빠르게 쏴야 하지."

카사르가 동생들에게 활을 잡으며 설명을 해 주었다. 동생들은 카사르의 말을 따르며 활쏘기 연습을 했다.

테무친도 게르 밖으로 나와 구름 한 점 없는 맑은 하늘을 바라보았다.

'대체 앞으로 어떡하면 좋단 말인가.'

테무친은 앞으로 어떻게 살아가야 하는가에 대해 생각했지만 뾰족한 방법이 떠오르지 않았다.

한편, 탈구타이는 타이치오드 가문의 이름을 딴 타이치오드 부족을 만들어 많은 사람들이 자신의 깃발 아래에 모이게 했다. 키야트 부족 중 많은 사람들이 탈구타이를 따랐다.

탈구타이는 부하들과 함께 저녁을 먹었다. 탈구타이가 걱정스러운 표정을 짓자 부하들이 물었다.

"족장님, 무슨 걱정거리라도 있으신가요?"

"테무친을 그냥 놓아두고 온 게 마음에 걸려서……."

"테무친 가족들은 어느 부족에도 가지 못하고 떠돌아다니다가 이번 겨울을 넘기지 못하고 굶어 죽을 테니 걱정하지 마십시오."

"그래도 만약 살아서 어른이 된다면 나에게 복수를 하려고 할 텐데…….."

"그러면 지금 당장이라도 걱정의 씨앗인 테무친과 호엘룬을 없애 버리면 되잖습니까."

"나도 그러고 싶지만, 아무 명분도 없이 남편과 아버지를 잃은 불쌍한 모자를 죽였다고 하면 사람들이 나를 어떻게 보겠나?"

"그렇다면 테무친만 없애면 되지 않습니까?"

"테무친만?"

탈구타이가 눈빛을 반짝거리며 말을 이었다.

"테무친만 없앨 수 있는 좋은 방법이 있단 말인가?"

"네. 테무친이 초원의 법칙을 어겼다는 명분만 있으면 될 게 아닙니까?"

"그거야 그렇지. 하지만 그런 명분을 어떻게 만든단 말인가?"

"그런 문제라면 좋은 방법이 있지요."

탈구타이의 부하가 씩 웃으며 말하자 많은 사람들이 귀를 기울였다.

며칠 뒤, 테무친은 게르 밖에서 말 울음소리가 나는 것을 듣고 잠에서 깼다. 밖으로 나가 보니 말 한 필이 혼자 어슬렁거리고 있었다.

'웬 말이지? 야생마는 아닌 것 같은데…….'

테무친은 고개를 갸웃거리며 말에게 다가갔다. 갈기에 기름기가 흐르는 좋은 말이었다. 길들여졌던 말인지 테무친이 가까이 가도 말은 도망가지 않았다.

호엘룬이 밖으로 나왔다.

"어머니, 이 말 좀 보세요. 길을 잃은 것 같은데 제가 가져도 되지요?"

테무친의 말에 호엘룬은 말을 살펴봤다.

"꽤 좋은 말이구나. 분명 주인이 있었을 텐데……."

호엘룬은 꺼림칙한 듯 고개를 갸웃거렸다.

"주인이 죽었거나 잃어버린 말이 아닐까요? 이 말은 제가 가질게요."

테무친이 말을 갖고 싶어 하자 호엘룬은 고개를 끄덕였다.

그때, 멀리서 말발굽 소리가 들리더니 말을 타고 오는 카이루의 모습이 보였다.

"카이루 아저씨잖아? 무슨 일일까?"

카이루는 테무친 앞에 급하게 내렸다.

"테무친, 빨리 도망쳐야 해. 탈구타이가 사람들을 이끌고 너를 잡으러 올 거야."

"저를 잡으러 온다고요? 왜요?"

"네가 도둑질을 했다는 이유로 잡으려는 거야."

"제가 도둑질을 했다고요? 저는 그런 적이 없는데……."

테무친은 말을 끝맺지 못하다가 말을 쳐다보았다. 그러자 카이루가 고개를 끄덕였다.

"간사한 놈들 같으니라고. 이런 거짓 함정으로 나를 잡으려고 하다니……."

테무친이 화를 내며 말을 이었다.

"내가 훔친 게 아니기 때문에 난 탈구타이를 만나서 떳떳하게 결백을 주장할 거예요."

"어이구, 답답한 녀석아. 탈구타이가 '네. 안 훔치셨다고요? 네 말을 믿을게요.' 하고 말할 것 같니?"

"그렇다고 여기서 도망치면 말을 훔친 게 되잖아요."

"그건 여기서 도망친 게 아니라 좋은 곳을 찾아 이동했다고 하면 되는 거잖아. 하지만 잡히면 그것도 소용없는 일이야."

카이루의 말에 테무친이 호엘룬을 쳐다보았다.

"테무친, 카이루 아저씨 말대로 하는 게 좋겠구나. 얘들아, 빨리 게르를 걷고 여기를 떠날 준비를 하자. 소치겔, 어서 도와주게."

호엘룬이 소치겔과 함께 게르를 걷기 시작했다. 그리고 짐을 싸서 마차에 싣기 시작했다.

"테무친, 내가 여기 있다가 탈구타이에게 걸리면 내 목숨도 보장할 수 없어. 미안하지만 난 이만 갈 테니 제발 몸조심해."

카이루는 테무친의 머리를 쓰다듬어 주고 호엘룬에게 인사를 한 뒤 급히 떠났다.

"이런 비겁한 녀석들……."

테무친은 계속 욕을 하며 아침에 왔던 말을 채찍으로 때려 멀리 도망가게 만들었다. 그리고 재빨리 짐을 챙겨 마차에 실었다.

"이랴!"

테무친은 마차를 끄는 말의 고삐를 잡아당기며 빨리 달리기 시작했다. 마차가 덜컹거리며 초원을 달렸다.

얼마나 달렸을까, 해가 뉘엿뉘엿 지기 시작했다.

"어머니, 좀 쉬었다 가야 하지 않을까요?"

테무친의 말에 호엘룬이 고개를 저었다.

"아니다. 우리를 쫓아오기로 마음먹었다면 금세 쫓아올 거야. 오늘 밤은 쉬지 않고 말을 달려야 해. 강의 상류로 가면 숲이 있으니까 숨을 만한 곳이 많을 거야. 그곳으로 가자."

호엘룬의 말에 테무친은 쉬지 않고 마차를 몰았다. 테무친의 눈에 비치는 달빛이 유난히 차갑게 느껴졌다.

테무친 가족이 상류 지역의 숲에 이르기까지는 꼬박 사흘이

걸렸다.

"당분간은 이곳에서 지내야겠구나. 이곳에서 낚시를 하면서 먹을 것을 구하고 물을 마시러 오는 야생마를 잡아서 키우면 될 거야."

호엘룬의 말에 소치겔과 아이들은 게르를 세우기 시작했다. 그리고 테무친은 카사르와 함께 높은 곳에 올라가 뒤를 살폈다. 뒤쫓아 오는 무리는 없는 것 같았다.

"형, 언제까지 도망만 치면서 살 수는 없잖아?"

"그렇지. 그래도 지금 당장 어려움은 피하는 게 좋겠지? 조금만 더 참아 보자. 응?"

테무친이 카사르의 어깨를 끌어안고 다독였다.

"형, 다른 사람들의 도움을 받으면 안 될까?"

"다른 사람들의 도움?"

"응. 아버지와 안다를 맺은 케레이트 부족의 족장인 토그릴 칸에게 가서 도움을 청해도 되고, 형의 장인이 될 테이 세젠을 찾아가 도움을 청해도 되지 않아? 형이나 우리 가족을 모른 체하지는 않을 텐데……."

"카사르, 나도 그걸 생각해 보긴 했어. 하지만 지금의 내 처지로 도움을 청한다는 건 겁에 질린 아이가 찾아가서 도와 달라는 것밖에 되지 않아. 그것은 자존심이 허락하지 않아. 아버지도 그런 식으로 다른 사람의 도움을 받으며 다시 부족을 일으켜 세우기를 원하지는 않으실 거야. 그리고 그렇게 얻은 것은 진정한 내 것이라고 할 수도 없으니까."

 테무친이 어른스럽게 말했다. 카사르는 더 이상 아무 말도 꺼내지 않았다.

 둘은 해가 저물자 게르로 내려갔다. 금세 땅거미가 졌다. 그리고 테무친과 카사르가 바라보던 초원의 지평선 끝에서 모닥불 몇 개가 피어올랐다. 칠흑같이 어두워졌지만 모닥불들은 꺼질 줄 몰랐다.

몽골족과 말

몽골에는 "말 위에서 태어나 말 위에서 자라다가 말 위에서 죽는다."라는 속담이 있다. 그만큼 말은 몽골족에게 중요한 동물이다. 몽골 말은 몸집은 작지만 힘이 넘치고 빨리 달렸으며 먹이도 가리지 않고 잘 먹었다. 몽골족은 말을 타고 다녔을 뿐만 아니라 말의 젖과 고기를 먹었고 말의 피도 음식에 넣어 먹었다. 말가죽으로는 가죽 제품을 만들고 말의 힘줄로는 활시위와 실을 만들었다. 힘줄은 여러 날 동안 푹 삶으면 풀처럼 변하는데 화살에서부터 마차까지 많은 제품을 만드는 데 사용되었다.

몽골족은 초원에서 말과 함께 일생을 보냈다. 그렇기에 말을 훔치는 것은 가장 큰 죄로 여겨져 엄한 벌을 받았다. 또한 누군가가 죽으면 그의 말도 함께 죽여 묻는 관습이 있었다.

세계를 정복할 수 있었던 원동력

유목민들은 말을 타고 하루에 70~80킬로미터를 이동할 정도로 기동성이 좋다. 만리장성 북쪽에는 동서로 8,000킬로미터에 이르는 초원 지대가 있다. 꽤 먼 거리이지만 유목민에게는 3개월 정도면 말을 타고 달릴 수 있는 거리였다. 그렇기 때문에 몽골인이 유라시아를 지배하는 일이 가능했다. 몽골인들은 재갈과 고삐, 말굽 등의 마구와 말 위에서 화살을 쏠 수 있는 활을 조합해 강력한 기마 군단을 만들었다. 칭기즈 칸은 이러한 유목 기마 군단을 조직적으로 활용했다.

치욕

"형! 테무친 형!"

높은 곳에 올라가 망을 보고 있던 셋째 카치운이 다급하게 내려와 테무친을 찾았다.

"형! 서쪽에서 말달리는 흙먼지가 났어. 누군가 이곳으로 오고 있는 것 같아! 아마 얼마 지나지 않아서 여기 도착할 거야!"

카치운이 다급하게 말하자 테무친은 머리끝이 쭈뼛 섰다.

'탈구타이가 틀림없어!'

"어머니, 간단한 짐만 챙겨서 숲속으로 들어가야겠지요?"

테무친의 말에 호엘룬이 고개를 끄덕였다. 테무친의 가족들은 게르를 그대로 두고 말만 끌고 숲속으로 들어갔다. 그리고 언덕 위에 올라 게르를 내려다보았다.

수십여 명의 사람들이 말을 타고 게르를 향해 달려왔다. 맨 앞에는 탈구타이가 있었다. 그들은 게르에 도착하자마자 게르를 에워쌌다.

'역시! 탈구타이였군.'

테무친은 입술을 깨물었다.

"아무도 없습니다."

탈구타이의 부하가 게르를 뒤지고 나와 말했다.

"게르까지 버리고 간 걸 보니 멀리 가지 못했을 거다. 말 발자국을 쫓으며 샅샅이 뒤져 테무친을 잡아라!"

탈구타이의 말에 부하들은 삼삼오오 짝을 이루어 숲속으로 들어갔다.

"잡히면 우리 모두 죽는 거야?"

막내 테무룬이 겁을 먹고 바르르 떨며 말했다.

"테무룬, 걱정 마라. 저들은 예수게이의 얼굴을 봐서라도 우리를 죽이지는 못할 거야."

"그런데 왜 자꾸 쫓아와요?"

테무룬이 묻자 호엘룬은 대답 대신 테무친을 쳐다보았다.

"테무룬, 그건 아마도 나 때문일 거야. 아버지가 인정한 후계자이니까 어떻게든 나를 없애고 싶겠지."

테무친이 길게 한숨을 내쉬었다

"자, 여기 있는 것보다는 숲속으로 좀 더 들어가는 게 좋겠구나."

호엘룬의 말에 가족들은 숲 안쪽으로 향했다. 그때 벡테르가 뭔가를 꾸미려는 듯 의미심장한 미소를 지었다.

'탈구타이가 테무친만 잡아간다면……'

벡테르는 가장 뒤에서 이동하면서 나뭇가지를 조금씩 꺾어 놓았다.

날이 어두워졌지만 횃불을 켤 수 없었던 테무친 가족은 더 이상 숲 안쪽으로 이동할 수 없었다. 멀리서 불빛들이 왔다 갔다 움직이자 테무친 가족들은 서로를 껴안으며 뜬눈으로 밤을 지새우다시피 했다.

'날이 밝아지면 발자국 흔적들 때문에 금세 잡히고 말 텐데…….'

테무친은 탈구타이의 추격을 피할 수 없다는 것을 깨달았다. 예상대로 해가 중천에 떠오르기도 전에 가까운 곳에서 사람들이 웅성거리는 소리가 들렸다. 그 바람에 테무친 가족이 끌고 가던 말들이 울음소리를 내고 말았다.

"저기 있다!"

말 울음소리에 탈구타이의 부하들이 쫓아왔다. 테무친과 카사르는 쫓아오는 사람들을 향해 활을 쏘았다. 하지만 나무와 나무 사이에 숨으면서 쫓아오는 사람들을 쉽게 맞출 수는 없었다.

'어떡하지? 이러다가 우리 가족 모두 잡히면…….'

테무친은 순간적으로 고민을 했다.

"카사르, 내가 저들을 유인할 테니 어머니와 동생들을 데리고 반대로 도망쳐. 벡테르, 너도 카사르 좀 도와줘. 알았지?"

테무친의 말에 벡테르는 웃으며 고개를 끄덕였다.

테무친은 말에 올라타 보란 듯이 소리를 크게 내며 숲속을 빠져나갔다.

"테무친이다!"

"가족들은 상관없다. 테무친만 잡아라!"

순식간에 모든 사람들이 테무친을 쫓았다. 테무친은 있는 힘껏 말을 달려 숲을 빠져나왔다. 그리고 그 뒤를 탈구타이와 수십여 명의 부하들이 쫓았다.

탈구타이가 이끄는 타이치오드 부족은 요란한 말발굽 소리를 내며 필사적으로 테무친을 쫓아왔다. 테무친은 타이치오드 부족의 추격을 피해 종일 쉬지 않고 말을 달렸다.

해가 저물 무렵, 말이 지쳤는지 속도가 늦어졌다. 말을 탓할 수는 없었다. 멀리 숲이 보였다. 그 숲은 타이치오드 부족이 머무는 곳 근처였다.

테무친이 숲속으로 들어간 것을 본 탈구타이는 부하들에게 소리쳤다.

"이 숲을 에워싸라. 굶어 죽기 싫으면 언젠가는 숲에서 나올 테니까."

탈구타이는 더 많은 사람들을 데리고 와 숲을 에워쌌다. 그리고 게르까지 치고는 여유 있게 기다렸다.

탈구타이의 예상대로 테무친은 숲에서 아무것도 먹지 못했다. 빠져나갈 틈을 찾아보았지만, 타이치오드 부족이 머무는 곳으로 가는 길 이외에는 빠져나갈 길이 없었다.

사흘이 지나자 테무친은 지치기 시작했다.

'여기서 굶어 죽을 수는 없어. 어떻게든 살아야 복수도 할 수 있는 거야.'

말도 며칠 동안 아무것도 먹지 못해 지쳐 있었다. 추격을 피해 빠져나간다 해도 금세 잡히고 말 것 같았다.

'어쩌면 등잔 밑이 제일 어두울지도 몰라.'

밤이 되자 테무친은 타이치오드 부족의 게르가 모여 있는 쪽으로 향했다. 숲을 빠져나갈 때는 몸을 납작 엎드려 기다시피 움직였다.

모닥불이 피어 있는 게르에 다가가자 고기 익는 냄새가 코를 찔렀다. 오랜만에 맡아 보는 냄새에 코가 절로 벌름거렸다. 테무친은 자기도 모르게 냄새가 나는 쪽으로 향했다.

고기를 굽고 있던 사람이 잠시 자리를 비웠다. 그 순간 테무친은 재빨리 불 위에 올려져 있던 고기를 들고 게르 뒤쪽으로 갔다. 그리고 배고픔에 허겁지겁 고기를 먹기 시작했다.

"후하! 쩝쩝!"

엄청 뜨거웠지만 입김을 불어 가며 입천장이 까지도록 고기를 먹었다.

"어? 여기 있던 고기가 어디로 갔지? 누구야? 내 고기를 훔쳐 간 놈이?"

고기를 굽던 사람이 없어진 고기를 보고 소리를 버럭 질렀다. 그 소리에 주위에 있던 게르에서 사람들이 하나둘 나오기 시작했다.

"누가 내 고기를 가져갔어?"

그 사람은 주위를 살피며 소리를 높였다. 그때 다른 게르에서 나온 사람이 테무친을 발견했다.

"테무친이다!"

테무친은 '걸음아 날 살려라' 하고 게르 사이를 뛰어 도망쳤다. 하지만 타이치오드 부족을 빠져나가기도 전에 잡히고 말았다. 곧 탈구타이가 나타났다.

"말을 훔친 도둑이 여기서는 고기를 훔쳤구나. 초원에서 도둑질을 하면 어떻게 되는지 알고 있지?"

탈구타이는 의기양양하게 웃으며 말했다.

탈구타이는 테무친에게 칼을 씌웠다. 기다란 나무 두 개를 테무친의 목 앞뒤로 대고 묶었다. 그리고 나무 양쪽 끝에 테무친의 양손을 묶었다. 게다가 양 발목도 묶어 버렸다. 테무친은

양팔을 벌린 채 자유롭게 움직일 수 없게 되었다.

"족장님, 테무친을 그냥 죽이는 게 낫지 않을까요?"

"맞습니다. 도둑질을 했으니 처형해도 아무도 탓하지 않을 거예요."

탈구타이의 부하들이 테무친을 어떻게 처리할지를 두고 탈구타이에게 말했다.

"족장님, 저 눈빛을 보세요. 어리지만 덩치도 어른 못지않고 힘도 세더군요. 예수게이의 핏줄이어서 그런지……."

탈구타이가 이맛살을 찌푸리자 말을 하던 부하는 말꼬리를 흐렸다.

탈구타이는 고민에 빠졌다.

'예수게이와 친분이 있었기 때문에 테무친을 죽이면 욕을 먹을 테고, 놓아줘도 부족 사람들의 불만이 클 것 같군. 어떻게 하지?'

탈구타이는 고민을 하다 결론을 내렸는지 입을 열었다.

"죽이는 건 어렵지 않지만, 죽음보다 더 치욕스러운 고통을 주는 것이 좋겠다. 마을에서 포로로 지내게 하며 창피를 주겠다."

탈구타이는 부족 사람들에게 하룻밤씩 돌아가며 테무친을 지키도록 했다.

어느 날, 테무친을 지키던 사람들이 모여 고기를 구워 먹었다. 그 모습을 지켜보던 테무친은 꼴깍 침을 삼켰다. 배에서도 꼬르륵 소리가 났다.

"저 녀석이 배가 고픈 모양이지?"

고기를 먹던 한 사람이 까맣게 탄 고기를 테무친의 앞쪽으로 내던졌다.

"네가 예전에는 예수게이의 아들이었겠지만, 지금은 포로다. 배가 고프면 주워 먹어 봐!"

테무친은 고기를 던진 사람을 매섭게 노려보았다.

"노려봐? 그러면 안 먹겠다는 건가?"

그 순간, 테무친은 눈을 질끈 감았다.

'먹어야 살 수 있다! 살아야 복수를 할 수 있다!'

테무친은 양팔을 벌린 채 바닥에 넙죽 엎드렸다. 그러고는 바닥에 떨어진 음식을 주워 먹었다. 물도 핥아 마셔야 했다.

'내가 이곳에서 살아 나간다면 반드시 이 치욕을 갚아 주겠다.'

부끄러웠지만 그럴수록 테무친은 살아야겠다는 강한 의지를 가질 수 있었다.

"그렇게 기어서 먹으니까 맛있어? 그럼 이번에는 소화를 좀 시켜 줄까?"

고기를 던졌던 사람이 테무친에게 다가와 발로 배를 세게 걷어찼다.

"윽!"

테무친은 배가 갈라지듯 아팠지만 배를 움켜쥘 수 없어 몸만 잔뜩 움츠렸다. 테무친의 얼굴이 보기 흉하게 일그러졌지만 눈에서는 매서운 빛을 내뿜고 있었다. 살아야 한다는 의지의 눈빛이었다.

가끔은 테무친에게 정성스레 먹을 것과 물을 가져다주는 사람들도 있었다.

"저는 소르칸이라고 합니다. 저는 예전에 예수게이 님의 도움으로 목숨을 건진 적이 있습니다. 비록 지금은 탈구타이의 노예가 되어 지내고 있지만……."

소르칸은 주위 사람들의 눈치를 보며 테무친의 상처를 닦아 주고 씻겨 주었다. 그리고 먹을 것과 마실 것을 정성스럽게 먹여 주었다.

"고맙습니다."

"이렇게나마 은혜를 갚을 수 있다면 좋겠지만, 더 큰 도움이 되지 못해 죄송합니다."

소르칸은 테무친에게 더 큰 도움을 줄 수 없음을 아쉬워했다.

몽골의 자연환경

몽골은 대륙성 기후이기 때문에 대체로 건조하며 겨울이 춥고 연교차가 매우 크다. 우리나라와 비교해 보면 여름의 기온은 비슷하지만 겨울에는 몽골이 훨씬 더 춥다.

몽골은 국토의 약 80퍼센트가 경사가 완만한 초원이다. 가축을 사육하는 데 적합한 목초지가 많기 때문에 몽골인은 아주 오래전부터 가축을 키우며 초원에서 생활해 왔다.

고비 사막

몽골의 자연환경에서 빠질 수 없는 곳이 고비 사막이다. 고비 사막 안에는 초원 지대도 포함되어 있다. '고비'는 몽골어로 '풀이 잘 자라지 않는 거친 땅'이라는 뜻이다.

탈출

시간이 지날수록 테무친도 점점 지쳐 갔다.

'이렇게 가만히 있으면 안 돼. 탈구타이가 언제 갑자기 마음이 바뀌어 날 죽일지도 몰라. 어떻게든 기회가 있다면 빠져나가야 해.'

스윽! 스윽! 스윽!

테무친은 감시가 소홀할 때마다 손과 발에 묶인 밧줄을 기둥에 비벼서 느슨하게 만들려고 했다. 하지만 밧줄은 쉽게 풀어지지 않았다. 게다가 주위에는 늘 감시하는 사람들이 많아 도망치기도 어려웠다.

타이치오드 부족 사람들은 시간이 지날수록 테무친을 귀찮게 여기기 시작했다.

"테무친을 언제까지 저렇게 놔두실 겁니까?"

"하루빨리 죽여서 후환을 없애는 게 좋습니다."

타이치오드 부족 사람들은 탈구타이를 재촉했다.

"그게 좋겠지? 이번 부족 축제가 끝날 때 신에게 제물로 바치자."

탈구타이의 말에 타이치오드 부족은 함성을 질렀다.

테무친도 그 이야기를 들었다. 온몸에 힘이 쭈욱 빠지는 듯했다. 테무친은 더 힘을 주어 밧줄을 기둥이나 돌에 비비댔다. 발을 묶은 밧줄은 느슨해져서 힘을 주면 끊어질 것 같았다. 하지만 손을 묶은 밧줄은 끊어질 기미가 보이지 않았다.

며칠 뒤, 타이치오드 부족의 축제가 시작되었다. 시끄러운 북소리에 맞춰 부족 사람들은 어른, 아이 할 것 없이 장단에 맞추어 몸을 흔들었다.

"와아아아아!"

부족 사람들은 손뼉을 치며 환호성을 지르기도 했다. 밤이 되자 마을 가운데 커다란 모닥불이 타오르며 사방을 환하게 밝혔다. 모닥불 주변에서 춤을 추는 사람들도 있었고 삼삼오오 모여 이야기를 나누는 사람들도 있었다.

늦은 밤, 모닥불이 사그라지자 축제를 즐기던 사람들은 하나둘 게르에 들어가 잠자리에 들었다. 테무친을 지키던 사람

도 술을 얼큰하게 마셨는지 잠이 들자마자 코 고는 소리가 요란하게 들렸다.

'기회는 지금뿐이야. 날이 밝으면 나는 다시는 살아서 아침을 맞이할 수 없을 거야.'

테무친은 기회를 엿보았다. 모닥불이 완전히 꺼지자 주위가 어두워졌다.

테무친은 먼저 다리에 힘을 주어 발목을 묶고 있던 밧줄을 풀었다. 그리고 자리에서 일어나 몸을 낮추어 조심조심 게르를 빠져나왔다.

긴 칼을 쓰고 양팔을 벌리고 있었기에 빨리 움직일 수 없었다. 숲속으로 향했지만 칼이 나뭇가지에 부딪힐 때마다 소리가 나 빠르게 달릴 수도 없었다.

 '칼에 나뭇가지라도 부러지면 쉽게 쫓아올 수 있는 흔적을 남기는 거야.'

 테무친은 그 생각에 더 조심스럽게 숲속을 빠져나가려 했다. 하지만 날이 밝도록 숲을 빠져나가지 못했다.

 날이 밝았다.

 "테무친이 사라졌다. 찾아라!"

 테무친을 감시하던 사람이 잠에서 깨어나 다급하게 소리쳤다. 순식간에 타이치오드 부족이 발칵 뒤집혔다.

 "반드시 잡아라! 죽여도 좋다! 잡거나 죽이는 자에게는 큰 상을 줄 것이다."

 탈구타이는 타이치오드 부족에 소리 높여 말했다.

 부족 사람들은 말을 타고 금세 숲을 에워쌌다. 그리고 일부 사람들은 숲속에 남겨진 발자국을 따라 금세 테무친이 있는 곳 근처까지 왔다. 테무친은 덤불 속에 숨어서 주위를 살폈다.

'여기서는 더 이상 움직일 수 없어. 꼼짝 않고 있는 게 상책이야. 하늘의 뜻에 맡겨야지.'

테무친은 숨소리조차 내지 않으려 애쓰며 꼼짝하지 않았다.

말발굽 소리와 함께 사람들이 주위로 몰려들었다. 그리고 웅성거리는 소리와 함께 한 무리의 사람들이 테무친이 숨어 있는 곳 가까이에 다가왔다.

타이치오드 부족 사람들은 길게 한 줄로 늘어서 긴 나뭇가지와 창으로 덤불을 헤치며 꼼꼼하게 앞으로 나아갔다.

'이제 들키는 것은 시간문제군.'

테무친은 심장이 뛰고 다리가 후들후들 떨렸다.

그때 한 사람이 기다란 막대로 덤불을 헤치며 다가왔다. 테무친이 숨어 있던 덤불이 들리는 순간, 테무친은 덤불을 헤친 사람과 눈이 마주쳤다.

'소르칸······.'

테무친은 깜짝 놀라 소리를 낼 뻔했다. 소르칸도 눈을 크게 뜨고 있는 테무친을 보고 놀라기는 했지만 태연히 덤불을 다시 뒤덮었다.

"여긴 아무것도 없습니다. 더 위쪽으로 올라가야겠습니다."

소르칸의 말에 사람들은 테무친이 있는 덤불을 지나 숲 위쪽으로 올라갔다.

"후유!"

테무친은 길게 한숨을 내쉬었다. 그리고 밤새도록 지치기도 했고 들킬 거라는 긴장감이 갑자기 풀린 탓인지 맥이 빠지며 피곤이 몰려왔다. 테무친은 금세 잠이 들고 말았다.

테무친이 깨어났을 때는 날이 어두워져 있었다. 하지만 멀리서 테무친을 찾는 사람들의 목소리와 숲 주위를 맴도는 횃불은 멈출 줄 몰랐다. 테무친은 곰곰이 생각했다.

'이렇게 칼을 쓴 상태로 언제까지 버티고 어디까지 도망갈 수 있을까? 다시 되돌아가서 소르칸에게 도움을 청해 볼까? 그래, 이렇게 버티다가 잡히는 것보다는 모험을 해 보는 게 낫겠어!'

테무친은 사람들이 숲 위쪽으로 올라가 있는 동안 다시 타이치오드 부족이 있는 곳으로 향했다. 그리고 어둠을 틈타 소르칸의 게르로 들어갔다.

테무친이 들어가자 소르칸과 그의 아들 칠라운이 깜짝 놀랐다.

"왜 다시 온 거요? 같이 죽자는 거요?"

"제가 지금 이 상태로 도망을 칠 수 있을 거라 생각하시는 건 아니겠지요?"

테무친은 두 손과 목에 걸친 칼을 내밀며 말을 이었다.

"숲속에서 나를 보고도 못 본 척하고 놓아준 것은 고맙지만 도와주려면 확실하게 이것마저 풀어 줘야 하지 않겠습니까?"

"어허! 대담하다고 해야 하는 건지 무모하다고 해야 하는 건지, 참."

그때 소르칸의 아들 칠라운이 나섰다.

"아버지, 독수리에게 쫓기는 새나 토끼는 숲이 구해 주는데 이렇게 어려움에 처한 이를 도와주지 않는 것은 숲보다 못하다는 것이 아닐까요?"

칠라운의 말에 소르칸이 피식 웃었다.

"나는 목숨을 걸고 도와준 것인데, 칠라운 너는 무슨 배짱으로 테무친을 돕자는 것인지 모르겠구나. 뉘 집 아들인지 참……. 이미 한배를 탄 입장이니 이제 와서 물릴 수도 없고."

소르칸의 말에 칠라운은 테무친이 쓰고 있던 칼의 끈을 잘라 내고 칼과 밧줄을 불에 태워 버렸다. 테무친은 오랜만에 손을 자유롭게 움직일 수 있었다. 칠라운은 테무친에게 먹을 것과 새로 갈아입을 옷을 내주었다.

그때 밖에서 요란한 말발굽 소리가 나더니 사람들이 웅성거리는 소리가 들렸다.

"숲속에도 없다면 마을 어딘가에 숨어 있을지도 모르니 샅

샅이 뒤져라!"

사람들은 눈에 불을 켜고 테무친을 찾기 시작했다.

"어디에 숨지? 여기 들어오기라도 하면 금방 들키고 말 텐데……."

소르칸이 걱정스러운 목소리로 말했다.

"아버지, 여기 양털 속은 어떨까요?"

칠라운이 벽 쪽에 있던 양털 더미를 보며 눈을 반짝였다.

"그게 좋겠구나!"

소르칸은 테무친을 양털 더미 속에 밀어 넣고 칠라운과 함께 양털을 덮었다.

"절대로 숨소리도 내지 마세요. 숨소리를 내어 들켜서 죽든 숨을 참다가 죽든 죽는 건 마찬가지라면 꼭 숨을 참다 죽으세요!"

칠라운의 농담에 테무친이 배시시 웃었다. 그리고 양털 더미 속에 몸을 숨겼다. 그러자마자 두 사람이 소르칸의 게르에 들어와서 주위를 휘둘러보았다.

"여기도 없는 것 같은데?"

한 사람이 말했다. 하지만 다른 한 사람이 눈에 불을 켜고 살폈다. 그러고는 양털 더미 근처로 다가갔다.

그 사람은 칼을 꺼내 양털에 쑥 찔러 보았다. 칼끝이 거의

테무친의 몸 가까이 닿았다. 테무친은 너무 놀라 소리를 지를 뻔했지만 꾹 참았다. 테무친의 귀에는 숨소리보다 심장 뛰는 소리가 더 크게 울렸다.

"여보게! 테무친이 숨이 막혀 죽으려고 거기 숨었겠나? 시간 낭비하지 말고 다른 곳에 가서 찾아보세."

같이 들어온 동료의 말에 칼로 양털 더미를 찌르던 사람이 고개를 끄덕였다.

"그렇지? 자, 빨리 다른 곳도 찾아보세. 먼저 찾는 사람만이 상을 받을 수 있으니까 말일세."

사람들이 소르칸의 게르를 빠져나가자 칠라운이 재빨리 양털 더미를 걷어 냈다. 테무친이 꼼짝 않고 있었다.

"어? 진짜 숨을 못 쉬어 죽은 건가?"

칠라운이 놀란 목소리로 말했다. 그때 테무친이 가만히 눈을 떴다.

"어떻게 감사의 인사를 해야 할지 잠시 생각하고 있었습니다."

테무친이 자리에서 일어나자 소르칸과 칠라운이 가슴을 쓸어내리며 안도의 한숨을 내쉬었다. 테무친은 양털 더미에서 나와 소르칸과 칠라운에게 절을 했다.

"지금 제가 살아 있는 것은 모두 여러분 덕분입니다. 이 은혜는 결코 잊지 않겠습니다."

그러자 소르칸이 깜짝 놀라며 손을 내저었다.

"테무친, 아니 테무친 님이시여. 당신은 영웅의 아들입니다. 그리고 예수게이 님의 유언대로 언젠가 칸이 될 수 있을 것입니다. 하지만 지금은 이곳을 무사히 빠져나가는 것이 중요합니다."

소르칸이 테무친을 일으켜 세웠다. 그리고 먹을 것과 말, 활을 테무친에게 건네주고 밖을 살펴보았다.

"어수선한 틈을 타서 이곳을 빠져나가세요. 그리고 들리는 소문에 따르면 테무친 님의 가족들은 오논강 상류에 있는 골

짜기에 있다고 합니다."

소르칸의 말에 테무친의 얼굴이 밝아졌다.

"소문이 들릴 정도면 다들 무사한 것 같군요. 고맙습니다."

테무친은 소르칸 부자에게 다시 고마움을 표현했다. 그리고 말을 타고 타이치오드 부족 마을을 빠져나갔다. 저녁의 찬바람이 얼굴을 스쳤다.

"이젠 두 번 다시 잡히지 않겠다. 그리고 반드시 살아남아 이 치욕을 갚고 말겠다."

테무친은 쉬지 않고 가족들이 있는 곳을 향해 말을 달렸다.

테무친은 오논강 상류를 헤매다가 겨우 가족들을 만날 수 있었다. 모두들 테무친이 살아 돌아온 것을 기뻐했다.

"그동안 잘 지냈어? 괜찮아?"

테무친은 형제들의 안부를 물었다.

"이게 괜찮은 것 같아? 오빠가 잡혀갔을 때 타이치오드 부족이 우리가 가지고 있던 말들을 몽땅 가져가 버렸어. 늙은 말이라도 맛있을 거라고 하면서……. 그리고 어제는 들쥐 한 마리를 온 가족이 나누어 먹었어. 그제는 땅에 떨어진 과일로 하루를 보냈고……."

막내 테무룬이 힘없는 목소리로 말했다.

"그래? 그전보다 투정도 많이 하는 걸 보니 안 보던 사이에 많이 자랐구나? 나보다는 잘 먹고 있었고. 다행이다."

테무친이 씨익 웃으며 말했다.

"그게 웃을 일이야?"

테무룬이 입을 비쭉 내밀었다.

테무친은 우선 소르칸이 내준 음식을 가족들에게 주었다. 다들 오랜만에 먹는 제대로 된 음식이어서 그런지 게걸스럽게 잘 먹었다.

"어머니, 내일은 좀 더 아래쪽 강가로 내려가요. 오다가 보니 그곳에서 야생마들이 물을 먹고 있더라고요. 그것들만 잡을 수 있다면 지금보다 더 나을 거예요."

"위험하지 않을까? 그러다가 또 타이치오드 부족에게 잡히기라도 하면……. 그냥 여기가 더 안전하지 않겠니?"

테무친의 말에 호엘룬이 걱정스러운 듯 말했다.

"아니에요. 우리가 힘을 합하면 충분히 이 어려움을 이겨 낼 수 있을 거예요. 아버지가 그러셨잖아요. 한 개의 화살을 부러뜨리기는 쉽지만 여러 개의 화살을 부러뜨리는 것은 어렵다고요. 우리도 함께 묶인 화살처럼 힘을 모으면 우리가 잃어버린 것들을 되찾을 수 있을 거예요."

테무친이 자신 있는 목소리로 말하자 호엘룬과 형제들이 테무친의 뜻을 따르겠다며 고개를 끄덕였다.

다음 날, 테무친 가족들은 아래쪽 강가로 내려가 게르를 치고 생활을 시작했다.

테무친과 형제들은 강가로 물을 마시러 오는 야생마를 긴 막대로 위협하며 강으로 몰아넣어 물에 빠뜨렸다. 그러면 테무친이 물에 빠진 말의 목에 밧줄을 감아 끌고 나왔다. 금방 잡힌 야생마는 콧김을 세차게 뿜어 대며 투레질을 했다. 하지만 사방에서 밧줄을 잡고 오랫동안 힘겨루기를 하니 말도 버티는 것을 포기하고 말았다.

"와!"

테무친과 형제들은 그렇게 야생마를 잡을 때마다 성취감에 소리를 크게 질렀다. 그리고 게르 안에서는 야생마를 잡을 때 형제들의 놀란 모습이나 물에 빠진 모습 등을 이야기하며 웃음꽃을 피웠다.

몽골인의 거주지

몽골 사람들은 아주 오랜 옛날부터 드넓은 초원 지대에서 가축을 키우기 위해 풀과 물이 있는 곳을 찾아 떠돌아다녔다. 겨울이 되면 산과 산 사이 낮은 곳, 또는 바람이 적은 곳에 머물며 가축을 돌보고 사냥도 했다. 이렇게 살아가는 몽골인들의 집은 유목 생활을 하기에 편리해야 했다. 이런 조건을 만족하는 몽골족의 전통 집을 '게르'라고 한다.

게르는 잘 휘어지는 성질을 지닌 목재를 격자무늬로 짜서 벽을 만들고, 그것으로 둘러싼 둥근 천막이다. 튼튼한 수직 장대 두 개가 기둥 역할을 하며 지붕을 받친다. 지붕과 벽 전체는 보온을 위한 펠트와 빗물을 막아 줄 캔버스로 뒤덮는다. 지붕에는 나무틀 구멍이 있는데, 구멍을 통해 실내로 빛이 들어오게 열어 두거나 닫을 수 있도록 그 위에 덮개가 달려 있다. 지붕에 난 틈을 통해 안으로 들어오는 햇빛이 바닥과 벽을 가로질러 흔적을 남기면, 이 흔적을 통해 시간의 흐름도 알 수 있다.

게르

보오르추와의 만남

'오늘은 생선을 배불리 먹을 수 있겠군!'

테무친은 강에서 낚시를 한 뒤 고기를 망에 담았다. 그리고 말에 올라 집으로 향했다. 게르 가까이 다가가자 주위가 소란스러웠다. 테무친이 말에서 내리자 카사르가 창백한 얼굴로 다가왔다.

"형, 어쩌면 좋아. 말들을 도둑맞았어."

"뭐?"

"분명히 아침에 언덕에 있는 나무에 묶어 놓고 풀을 먹였거든. 그리고 잠시 게르에 돌아와 점심을 먹고 다시 가 보니……. 흑흑."

카사르가 결국 울음을 터트리면서 말을 끝맺지 못했다.

"카사르, 그깟 걸로 울지 마!"

"그래도 그게 우리 전 재산이자 생명 줄인데……. 흑흑. 우리는 앞으로 어떻게 살아?"

카사르의 말에 테무친도 눈앞이 캄캄해지는 것 같았다.

"그들도 말을 훔쳐야만 살 수 있었을 테지. 하지만 말이 없으면 초원에서는 살아남기가 힘드니……."

호엘룬이 아이들을 둘러보며 한숨을 내쉬었다.

'맞아. 초원에서 말은 중요한 재산이야. 초원에서 말도 없이 생활한다는 것은 상상조차 할 수 없으니까. 카사르 말대로 말은 우리 가족의 생명 줄이야.'

테무친은 잠시 곰곰이 생각한 뒤 활과 간단히 먹을 수 있는 육포와 물만 챙겨 말 위에 올라탔다.

"카사르, 내가 꼭 다시 말을 찾아올 테니 그동안 가족들 잘 돌보면서 버티고 있어야 해. 알았지?"

테무친의 말에 카사르가 고개를 끄덕였다. 테무친은 언덕에 올라간 뒤 말 발자국을 따라 드넓은 초원을 향해 말을 달렸다. 테무친은 쉬지 않고 말들의 흔적을 따라갔다. 하지만 날이 어두워지자 더 이상 흔적을 쫓아갈 수 없었다. 테무친은 등을 기댈 수 있는 바위를 찾아 잠을 청했다.

어느덧 태양이 떠오르며 수평선 위의 하늘을 붉게 물들였다. 테무친은 서둘러 말들의 흔적을 따라갔다.

'여덟 마리를 끌고 빨리 이동하지는 못했을 거야. 흔적만 남아 있으면 충분히 따라잡을 수 있어.'

테무친은 다음 날에도 날이 어두워질 때까지 말의 흔적을 따라갔지만, 드넓은 초원에는 말의 그림자도 찾을 수 없었다. 날이 어두워져 잠자리를 준비하던 테무친은 맥이 탁 풀렸다.

'여기서 포기할 수는 없어. 여기서 포기하는 것은 나 자신과의 싸움에서 지는 것과 같아.'

다음 날, 쟁반처럼 동그란 황금빛 태양이 하늘로 솟아올랐다. 테무친은 서둘러 길을 나섰다. 얼마 가지 않아 강가에 이르렀다. 그곳에서 테무친은 비슷한 또래의 소년이 말에게 물을 먹이고 있는 것을 보았다.

"혹시 여러 마리의 말을 몰고 가는 사람들을 못 봤니?"

"아침 일찍 저 산등성이를 지나가는 것을 보긴 했는데……. 그건 왜 물어?"

"사실 그 말들은 우리 가족 거야. 도둑맞았거든. 그래서 다시 말들을 찾아야 해. 말이 얼마나 중요한지 알잖아?"

테무친의 말에 소년이 고개를 끄덕이며 말을 이었다.

"그렇지. 말이 있어야 어디론가 떠날 수도 있고, 전쟁터에서도 말이 있어야 하고, 먹을 것이 없다면 잡아먹을 수도 있으니까. 그런데 너 혼자 말을 되찾겠다고 나선 거야?"

소년의 물음에 테무친이 고개를 끄덕였다.

"쉽지 않을 텐데. 그쪽은 인원이 꽤 되는 것 같던데……. 내가 같이 가도 될까? 아, 난 아틀라트 부족의 보오르추라고 해."

"난 테무친이야."

"테무친? 네가 예수게이의 아들 테무친이라고?"

보오르추가 놀라서 되묻고는 말을 이었다.

"네가 타이치오드 부족에서 도망친 것은 이 넓은 초원이 다 알고 있어."

보오르추가 반갑다는 듯 말했다. 둘은 금세 친해졌다. 그리고 서둘러 말을 달리기 시작했다.

해가 기울어질 무렵, 멀리 다섯 명의 사람들이 말들을 몰고 가는 것이 보였다.

"다섯 명이면 우리가 상대하기에는 너무 많지 않아?"

보오르추의 말에 테무친은 고개를 저었다.

"그렇다고 여기서 포기할 수는 없어. 우리 가족의 생명이 걸린 일이야. 아니, 여기서 포기하는 것은 나 자신을 용서할 수 없는 일이야."

"그러다가 죽기라도 하면 어떡해?"

"죽음이 두려워? 난 두렵지 않아. 죽음이 두렵다면 그 순간부터 예수게이의 아들이 아닐 테니까."

테무친은 이를 악물며 나직한 목소리로 말했다.

둘은 들키지 않도록 멀찌감치 떨어져 말 도둑들을 따라갔다.

"날이 어두워지면 말들을 데리고 가자."

"말들이 울지 않을까?"

"말들은 날 알아볼 거야. 내가 진짜 주인이니까."

날이 어두워지자 둘은 말 도둑들이 잠들 때까지 기다렸다. 모닥불이 사그라지자 테무친은 말들에게 가까이 다가갔다. 테무친 말대로 말들은 울지 않았다. 그리고 테무친의 말을 잘 따랐다.

테무친은 말들을 조용히 이끈 다음 말 도둑들에게서 어느 정도 거리가 멀어지자 보오르추와 함께 말을 몰아 빨리 달렸다.

"예상외로 쉬운데? 넌 참 대단해!"

"아냐, 그놈들이 쫓아올 수 있으니까 빨리 가야 해."

둘은 달빛에 의지해 말 도둑들에게서 멀리 떠났다.

다음 날, 테무친의 예상대로 말 도둑들이 쫓아오는 것이 보였다. 말들을 이끌고 그들을 따돌리기는 쉽지 않을 것 같았다.

그리고 탁 트인 초원에서 그들을 상대하기도 힘들 것 같았다. 둘은 말들을 이끌고 작은 숲속으로 들어갔다.

말 도둑들도 말에서 내려 활을 겨누며 숲으로 들어왔다.

"보오르추, 우리는 둘이고 저들은 다섯이야. 우리가 먼저 공격해야 해! 넌 왼쪽, 난 오른쪽!"

테무친의 말에 보오르추가 고개를 끄덕였다. 그리고 서로 가까이 오는 사람들을 향해 활을 겨누었다. 둘은 동시에 활시위를 놓았다.

"으악!"

오른쪽 사람은 어깨를 맞고 외마디 비명을 지르며 픽 쓰러졌다. 하지만 왼쪽 사람을 겨눈 보오르추의 화살은 빗나갔다.

"저쪽이다!"

네 사람은 화살이 날아온 방향을 보고 몸을 낮게 숙이며 다가왔다.

보오르추가 당황한 듯 자리에서 꼼짝하지 못했다. 그 순간, 말 도둑들 중 한 명이 보오르추를 향해 화살을 날렸다.

"피해!"

테무친이 달려들어 보오르추를 넘어뜨렸다. 화살이 테무친의 등을 스치며 지나갔다. 보오르추는 정신이 번쩍 들었다.

"테무친, 고마워."

"보오르추, 넌 빨리 도망가. 내가 남아서 막아 볼게."

"아니야. 네가 내 생명을 두 번씩이나 구하게 만들 수는 없지. 넌 오른쪽, 난 왼쪽!"

보오르추의 말에 테무친이 고개를 끄덕였다. 둘은 동시에 자리에서 일어나 적을 향해 화살을 날렸다.

"쉬이이익!"

숲속의 풀잎들을 뚫으며 날아간 화살이 두 명의 다리에 각각 꽂혔다.

"으아아악!"

그러자 남아 있던 두 명의 말 도둑들은 몸을 바짝 낮춰 몸을 숨겼다. 그들은 힘 있고 정확한 화살에 겁을 먹고 섣불리 다가오지 못했다.

잠시 뒤, 남아 있던 두 명은 달아나 버렸다.

테무친과 보오르추는 다리에 화살을 맞고 움직이지 못하는 한 사람에게 다가가 활을 겨누었다.

"살려 주세요. 살려 주시기만 하면 평생 노예가 되겠습니다."

화살을 맞은 사람은 테무친보다 몇 살 더 많아 보이는 젊은이였다. 보오르추가 테무친을 쳐다봤다.

"보오르추, 여기서 이 사람을 죽인다고 우리가 이득을 볼 건 없을 것 같아."

"그러다가 배신이라도 하면 어떡해?"

보오르추가 고개를 갸웃거리며 걱정스러운 목소리로 물었다.

"그때는 가만 놔두면 안 되겠지?"

테무친이 젊은이를 노려보았다. 그러자 젊은이는 애처로운 눈빛으로 고개를 끄덕였다.

테무친은 젊은이의 손을 뒤로 묶었다. 그리고 다리에서 화살을 빼내고 옷을 찢어 피가 흐르지 않도록 묶었다.

테무친과 보오르추는 잠시 휴식을 취했다.

"테무친, 너는 듣던 대로 용감하구나. 그뿐만 아니라 내 생명을 구해 주기도 했고. 너와 안다를 맺고 싶은데, 그렇게 해 주겠니?"

"그래. 아마 내가 도망치라고 했을 때 네가 도망갔다면 너와의 인연도 끝이었을 거야. 하지만 너는 도망치지 않고 용감하게 싸웠어."

둘은 서로의 손을 맞잡고 앉았다.

"테무친과 보오르추는 서로 형제가 되어 앞으로 죽는 그날까지 서로를 돕고 배신하지 않을 것을 초원의 신께 맹세합니다."

둘은 서로의 얼굴을 보면서 큰 소리로 외쳤다.

"보오르추, 안다의 징표로 오늘 되찾은 말의 절반을 너에게 줄게."

"뭐라고? 난 그런 대가를 바라고 널 도운 게 아니야. 네가 가족들을 위해 죽음을 무릅쓰고 말을 되찾으려는 용기를 가진 친구여서 도운 거지."

"그것 말고는 지금 줄 수 있는 게 없는데 어쩌지?"

"무슨 소리야. 너는 이미 나에게 새로운 삶이라는 선물을 줬잖아. 나도 너에게 뭔가 주고 싶은데……. 우리 부족에 너를 소개시켜 줘도 괜찮을까?"

보오르추의 말에 테무친이 배시시 웃었다.

"넌 내가 거절할 수 없게 만드는 놀라운 재주를 가졌구나?"

"그건 내 초대에 응하겠다는 말이지?"

보오르추의 말에 테무친이 고개를 끄덕였다.

"보오르추, 언젠가 우리가 함께 이 초원 위를 달릴 때가 올 거야. 그때 나는 초원 밖의 세상까지 달려 보고 싶어."

"좋지. 나도 앞으로 너랑 삶과 죽음을 함께할 거야!"

테무친과 보오르추는 서로의 손을 더욱 꼭 쥐었다.

목숨도 바칠 수 있는 친구, 안다

몽골에서는 목숨도 바칠 수 있는 최고의 친구를 '안다'라고 불렀다. 서로 안다가 되기로 약속한 친구들은 어떤 상황에서도 우정을 굳건히 지켰다. 칭기즈 칸이 가장 처음 맺은 안다는 자무카였다. 그러나 둘은 서로 생각이 달라지면서 사이가 벌어지게 되었고 결국 몽골 최고의 지배자 자리를 두고 다투게 된다.

또 다른 안다는 보오르추이다. 칭기즈 칸에게는 그를 도와 몽골 제국을 건국한 여덟 명의 개국 공신이 있었다. 그들을 '사준사구'라고 불렀는데, 칭기즈 칸의 심복이자 사준사구의 한 사람이 바로 안다인 보오르추였다. 보오르추는 아틀라트 부족 사람으로, 칭기즈 칸이 몽골을 통일할 때 생사고락을 함께한 사람이다. 이 때문에 알타이산맥 방면의 몽골군을 관할하는 자리인 만호장에 임명되었다.

보오르추

옛 부족 사람들

테무친은 보오르추를 따라 아틀라트 부족이 있는 곳으로 갔다. 마을에 들어가자 사람들이 보오르추를 반겼다.

"어제 집에 돌아오지 않아 얼마나 걱정했는지 아느냐?"

보오르추의 아버지는 보오르추를 보고 기뻐했다. 보오르추는 사람들에게 테무친을 소개했다.

"제 목숨을 살려 준 저의 안다, 테무친입니다."

그리고 지금까지 있었던 일을 말해 주었다. 그러자 사람들은 테무친에게 감사의 인사를 했다. 특히 보오르추의 아버지는 테무친의 손을 꼭 잡고 다시 한번 감사의 인사를 전했다.

"테무친. 말을 되찾은 것도 대단한 일이지만, 보오르추를 구해 주었는데 우리가 도와줄 수 있는 일이 있다면 말해 주게."

"보오르추와 안다가 되었으니 그 이상은 필요 없습니다."

"가족의 사정이 어렵다는 이야기는 소문으로 들었다네. 무엇이라도 도와주고 싶은데······."

"그것 또한 제가 스스로 헤쳐 나가야 할 일입니다."

"예수게이의 아들이라 그런지 자존심이 무척 세군. 그렇다면 언제든 도움이 필요할 때 말해 주게. 그리고 오늘은 우리 마을에서 쉬고 내일 떠나게."

"아닙니다. 어머니와 가족들이 저를 걱정하고 기다리고 있을 것입니다."

"그렇겠군. 하지만 오늘 우리 마을에서 축제를 하니 구경 좀 하고 가게나. 시합에 나가서 우승하면 큰 상도 있다네."

보오르추 아버지의 말에 테무친은 더 이상 거절할 수 없었다.

아틀라트 부족의 축제가 시작되었다. 여러 가지 시합 중 말을 타고 달리면서 활을 쏘는 시합도 있었다. 우승자에게는 양 한 마리가 주어졌다.

"테무친, 너도 한번 나가 보지 않을래? 너라면 우승할 수도 있을 것 같은데······."

보오르추의 말에 테무친은 귀가 솔깃했다.

'말을 타고 활을 쏘는 것이라면 카사르보다는 못하지만 자신 있어. 양 한 마리가 있다면 온 식구들이 며칠 동안 배불리 먹

을 수 있을 텐데…….'

테무친은 활과 화살을 손질하기 시작했다.

아틀라트 부족 사람들이 차례대로 말을 타고 달리면서 화살을 쏘아 하얗게 칠한 과녁을 맞혔다. 화살이 과녁을 맞힐 때마다 사람들은 양손을 높이 들어 "우하이(만세)!" 하고 소리쳤다. 테무친 차례가 되자 보오르추가 다가왔다.

"테무친, 이제 네 차례야. 지금까지 과녁 여섯 개를 맞힌 것이 최고 기록이야. 네가 일곱 개를 맞힌다면 최고 사수인 '메르겡'이란 칭호를 받게 될 거야."

보오르추가 응원해 주었다. 테무친은 말 위에 올라 숨을 가다듬었다.

"이랴!"

테무친이 말을 달렸다. 그리고 활에 화살을 재어 과녁을 향해 쏘았다. 핑 소리와 함께 날아간 화살은 과녁을 살짝 빗나갔다. 하지만 두 번째로 쏜 화살은 과녁에 정확하게 맞았다.

"우하이!"

테무친은 연이어 화살 두 발을 과녁에 맞혔다.

"우하이! 우하이!"

세 발이 연속으로 과녁에 맞자 사람들의 함성이 쏟아졌다. 그 함성에 놀라서인지 테무친이 그 뒤로 쏜 화살들은 잇달아

과녁을 빗나가고 말았다.

화살 네 발이 남았다. 테무친은 말을 달리면서 숨을 골랐다.

'당길 때는 느리게, 쏠 때는 빠르게 손을 놓아야 해. 그리고 활과 화살, 과녁과 나를 하나로 일치시켜야 해.'

테무친은 다시 한번 마음을 가다듬으며 화살을 날렸다.

"우하이! 우하이! 우하이!"

다시 세 번 연속 화살이 과녁에 꽂히자 부족 사람들 모두 테무친의 마지막 화살에 집중했다. 테무친의 마지막 화살이 바람을 가르며 날았다. 그리고 과녁에 정확하게 꽂혔다.

"우하이!"

사람들은 함성을 질렀다.
"잘했어. 정말 잘했어. 역시 최고야!"
테무친이 말에서 내리자 보오르추가 테무친을 껴안으며 말했다.
"역시 예수게이의 아들이야. 너는 앞으로 가족과 부족을 지킬 수 있을 만큼 강한 전사가 될 거야! 어쩌면 네 아버지보다 더 강한!"
"남의 부족에 와서 다른 사람의 밥그릇을 빼앗은 건 아닌지 모르겠군."
테무친의 말에 보오르추가 고개를 저었다.

"남의 부족이라니. 그러면 너무 섭섭하지. 너는 내 형제나 다름없는데."

보오르추가 망설이지 않고 대답했다.

테무친은 자신을 힐끗힐끗 쳐다보는 아틀라트 부족 사람들의 눈길이 신경 쓰였다. 테무친이 자세히 보니 자신을 떠났던 키야트 부족 사람들이었다.

테무친이 먼저 다가갔다. 그러자 그 사람들이 테무친에게 인사를 했다.

"이곳으로 정착지를 옮기셨군요."

테무친의 말에 다들 고개를 끄덕일 뿐 아무 대꾸도 없었다. 모두들 기운이 없어 보였다.

"잘 지내고 계신 거지요?"

테무친이 물었다. 그러자 사람들이 눈치를 살피며 천천히 말을 꺼냈다.

"막상 마을을 떠나기는 했지만 탈구타이 때문에 타이치오드 부족으로 따라가기는 싫었고, 이곳 아틀라트 부족에 의지했지만 찬밥 신세로 지내고 있습니다."

"조금 어렵더라도 예전처럼 키야트 부족 사람들이 함께 모여 지내면 마음이라도 편할 텐데……."

사람들의 힘들어하는 모습에 테무친도 아무 말을 할 수 없었다.

"죄송합니다. 제가 더 야무지게 행동했더라면 부족 사람들이 흩어지는 일은 없었을 텐데……."

테무친이 미안함을 전했다.

테무친은 상으로 받은 양을 잡았다. 그리고 양고기의 절반을 옛 키야트 부족 사람들에게 주었다. 다들 맛있게 먹는 모습을 보니 테무친은 마음이 조금이나마 편해지는 것을 느꼈다.

해가 넘어가려고 하자 누군가 테무친을 찾아왔다.

"테무친 님, 저는 이곳에서 대장장이 일을 하는 자르치우트라고 합니다."

자르치우트는 테무친 또래의 아이를 데리고 와서 테무친에게 인사를 했다.

"저는 예전에 예수게이 님께 제 아들 젤메를 테무친 님의 노예로 바치기로 약속했었습니다."

자르치우트의 말에 테무친은 처음 듣는 이야기라 깜짝 놀랐다. 자르치우트는 말을 이었다.

"젤메는 테무친 님과 같은 달에 태어났지요. 그때 예수게이 님께서는 젤메가 자라면 테무친 님께 보내라고 하시며 돈을 주셨지요. 그 약속을 이제야 지키게 되어 죄송합니다."

자르치우트는 고개를 숙여 죄송한 마음을 나타냈다.

"아버지와의 약속은 아버지께서 돌아가셨으므로 지키지 않아도 되는데, 이리 찾아와 주신 것만으로도 감사합니다. 그리고 제가 지금은 누구를 돌보거나 부릴 여유나 능력이 되지 않습니다. 그러니 약속은 지킨 걸로 하고 돌아가십시오."

테무친이 정중하게 거절했다.

"저희가 노예 신분이긴 하지만, 약속을 지키지 않을 정도로 나쁜 사람들은 아닙니다. 더구나 오늘 테무친 님을 이곳에서 만난 것은 약속을 지키라는 신의 계시가 틀림없습니다. 그리고 무엇보다 기쁜 것은 테무친 님에게서 예수게이 님의 모습이 엿보였다는 것입니다."

자르치우트는 눈물을 글썽이며 말을 이었다.

"젤메가 힘도 좋고 똑똑하여 분명 쓰임이 있을 것입니다. 그리고 먹고사는 것은 저 스스로 할 수 있는 능력이 되니 걱정하지 않으셔도 됩니다. 그러니 이 아이를 받아 주십시오."

테무친은 더 이상 아무 말도 하지 못했다. 받아 달라는 것을 거절하는 것도 초원의 법칙에 어긋나기 때문이었다.

"알겠습니다. 그러나 노예가 아니라 그냥 동료, 더 나아가 친구로 받아들일 수 있도록 하겠습니다."

테무친의 말에 자르치우트와 젤메가 감사의 인사를 했다. 그리고 자르치우트는 젤메를 남기고 떠났다.

"젤메, 앞으로 잘 부탁한다. 그리고 내일 아침 일찍 떠나게 될 테니 준비를 도와줘."

"네, 테무친 님. 목숨을 다해 모시도록 하겠습니다."

젤메는 처음인데도 능숙하게 테무친의 짐들을 챙겼다. 그리고 보오르추가 마련해 준 게르에서 함께 하룻밤을 보냈다.

다음 날, 해가 떠오르자마자 테무친과 젤메는 짐을 챙겨 게르 밖으로 나왔다.

그런데 게르 밖에는 테무친이 어제 만났던 키야트 부족 사람들이 있었다. 모두 어디론가 가려는지 짐을 가지고 있었다. 테무친이 어리둥절한 표정으로 주위를 둘러보았다.

"테무친 님, 저희들은 테무친 님을 따라가기로 했습니다."

"네?"

테무친이 깜짝 놀라 눈을 휘둥그레 떴다.

"테무친 님이 어리다고 무시하는 일은 결코 없을 것입니다. 앞으로 테무친 님과 호엘룬 님을 잘 따를 테니 저희들을 받아 주십시오."

모두 고개를 숙여 테무친에게 인사를 했다. 옆에서 그 모습을 보던 보오르추가 미소를 지었다.

"네가 사람을 끌어당기는 힘이 있다는 것은 느꼈지만 이 정도일 줄은 몰랐어. 그나저나 네가 저들의 청을 거절하면 저들은 이제 아무 데도 갈 곳이 없다는 거 알지? 너를 따르기로 한 순간부터 우리 부족에서는 나가야 하는 거니까."

보오르추가 테무친의 어깨를 두드리며 말했다. 테무친은 난감했다. 하지만 함께 가지 않을 수도 없었다.

"좋습니다. 하지만 저는 아직 어리고 해 줄 수 있는 게 아무것도 없습니다. 이곳보다 더 힘들게 살아갈 수도 있습니다."

"그건 걱정하지 마십시오. 각오하고 있습니다. 여럿이 힘을 합치다 보면 뭔가 수가 있을 것입니다."

사람들의 말에 테무친이 한마디 더 꺼냈다.

"그리고 이번에는 받아 주지만, 다음에 다시 부족을 떠나려 한다면 그때는 무사하지 않을 것입니다. 부족을 두 번 떠나는 것은 초원에서 용서받을 수 없는 일이니까요."

테무친이 입술을 깨물며 다짐을 받겠다는 듯 말했다.

"네. 잘 알고 있습니다. 절대로 그런 일은 없을 것입니다."

모두 자신 있게 대답했다.

"테무친, 너를 버리고 떠난 부족 사람들까지 받아 주다니 넌 역시 대단해. 나도 앞으로 무슨 일이든 너를 도울 테니 어려운

일이 생기면 꼭 나를 찾아와야 해. 알았지?"

"보오르추, 정말 고마워."

테무친은 보오르추와 마지막 인사를 했다. 그리고 테무친은 되찾은 말을 몰며 젤메와 포로, 그리고 옛 키야트 부족 사람들을 이끌고 아틀라트 부족 마을을 나섰다.

몽골인의 활쏘기

몽골의 최대 민속 축제이자 스포츠 축제가 있는데, '나담'이라고 부른다. 이 축제에서는 말타기, 씨름, 활쏘기를 즐긴다. 나담은 원래 유목민에게 중요한 가축들의 성장과 풍요 등을 기원하는 종교적인 의미와, 힘과 기술을 겨루며 병사를 훈련시키는 군사적인 의미를 지니는 행사였다. 특히 활쏘기는 '하나 수르(큰 활)'와 '하사 수르(작은 활)'의 두 부문으로 나뉘어 치른다. 과녁은 '주르하이'라고 하며, 공 모양으로 만든 가죽을 평평한 바닥에 두 줄로 늘어놓는다. 과녁에 화살을 가장 많이 맞힌 사람이 이긴다.

몽골의 활

몽골의 활은 여러 가지 소재를 붙여 만든 복합궁으로 사정거리가 길고 관통력도 매우 강력했다.

형제들

테무친이 말을 되찾고 사람들을 이끌고 돌아오자 테무친을 기다리던 가족들은 깜짝 놀랐다. 카사르가 테무친을 반기다가 테무친의 말에 매달려 있던 양고기를 발견했다.

"형, 이거 혹시 양고기야?"

"응. 이건 내가 활쏘기……."

테무친의 말이 끝나기도 전에 다른 동생들이 우르르 양고기에 몰려들어 양고기를 들고 모닥불 쪽으로 옮겨 갔다.

"그게 그러니까 활쏘기 시합에 나가……."

테무친이 설명해 주려 했지만 동생들은 아무 소리도 들리지 않는 듯 양고기를 잘라 불 위에 굽고 있었다. 그리고 다 익지도 않은 고기를 집어 들어 허겁지겁 먹기 시작했다.

테무친이 고개를 설레설레 흔들며 동생들 곁으로 다가갔다.
"내가 어떻게 이걸 가지고 왔는지 궁금하지 않아?"
"응!"
"너희는 나보다 양고기가 더 반가운 모양이구나?"
"당연하지!"
동생들이 천연덕스럽게 대답하자 테무친이 고개를 흔들며 배시시 웃었다.
테무친은 호엘룬에게 그동안 있었던 일을 이야기했다.
"그 며칠 사이에 고생도 많이 하고 부쩍 자란 것 같구나!"
호엘룬이 테무친을 꼭 껴안아 주었다.

호엘룬은 테무친을 따라온 사람들을 따뜻하게 맞이했다. 그리고 포로로 잡힌 말 도둑도 치료해 주었다.
테무친은 사람들에게 낚시, 사냥, 빨래, 말을 돌보는 일 등을 나누어 하게 했다. 그리고 밤에는 서로 돌아가면서 누군가 말을 훔쳐 가거나 쳐들어오지 않는지 망을 보기로 했다.
카치운과 벨구테이가 망을 보기로 한 날이었다. 테무친은 잠을 자다 말고 밖으로 나왔다. 그리고 동생들이 열심히 하고 있는지 궁금해서 망을 보고 있는 곳으로 발걸음을 옮겼다. 그런데 망을 보고 있어야 할 카치운과 벨구테이가 꾸벅꾸벅 졸고 있었다.

"카치운! 벨구테이! 너희 지금 뭐 하는 거야?"

테무친이 버럭 소리를 질렀다. 카치운과 벨구테이는 소스라치게 놀라며 잠에서 깼다.

"형, 미안해. 너무 졸려서."

카치운과 벨구테이는 눈을 비비며 말했다.

"아무리 졸려도 그렇지, 매일 망을 보는 것도 아니고! 만약 네가 졸고 있을 때 누군가 쳐들어온다면 어떡할 거야?"

테무친은 눈에 힘을 주며 카치운과 벨구테이를 노려보았다.

이튿날 아침, 테무친은 사람들을 불러 모았다. 그리고 카치운과 벨구테이를 사람들 가운데 세웠다.

"이 두 사람은 어제 망을 보는 도중에 자고 있었습니다. 우리들을 위험에 빠뜨렸으니 벌을 주어야겠습니다."

그러자 벡테르가 나섰다.

"애들이 잘 수도 있는 거지, 그깟 일로 애들을 야단치다니. 그리고 형제들끼리 좀 봐줘도 되는 거 아냐?"

벡테르가 비아냥거리듯 말했다.

"망을 보다가 잔 게 그깟 일이라고?"

테무친이 눈초리를 치키며 말을 이었다.

"벡테르, 여기 있는 사람들 모두가 사소한 일이라고 여긴다면 우리는 살아남을 수 없어. 난 이곳의 족장으로서, 이 일을 그냥 넘어가서는 안 된다고 생각해."

테무친이 벡테르에게 야단치듯 말했다.

"그래서 어떡할 건데?"

"지난번에 망을 제대로 보지 않으면 채찍으로 엉덩이를 때린다고 정했으니까 그대로 할 거야."

"뭐라고?"

벡테르뿐만 아니라 모여 있던 사람들 모두 깜짝 놀랐다.

호엘룬과 소치겔은 아무 말도 하지 않고 슬며시 그 자리를 빠져나왔다. 테무친이 알아서 하라는 뜻이었다. 그 모습을 보고 카치운과 벨구테이는 고개를 푹 숙였다.

"아무리 그래도 그렇지. 형제를 채찍질해 벌을 주겠다고?"

벡테르가 화를 내며 소리쳤다.

"벡테르 형, 진정해! 그리고 테무친 형, 미안해. 형이 내리는 벌을 받을게. 우리 때문에 형제들끼리 싸우는 거 싫어."

"맞아. 나도 카치운과 같은 생각이야. 테무친 형이 이번 일을 원칙대로 하지 않으면 다른 사람들에게도 본이 되지 못할 테니까."

카치운과 벨구테이는 고개를 숙이며 말했다.

"바보. 그까짓 일은 봐달라고 하면 안 되냐?"

벡테르가 동생 벨구테이의 말이 못마땅한 듯 구시렁거렸다.

결국 테무친은 직접 카치운과 벨구테이의 엉덩이를 채찍으로 열 대씩 때렸다.

짝!

채찍이 매서운 바람 소리를 내며 엉덩이에 닿을 때마다 카치운과 벨구테이는 몸을 바르르 떨었다. 사람들은 차마 눈을 뜨지 못했다. 멀리서 그 소리를 듣고 있던 호엘룬과 소치겔도 서로 손을 잡고 아픈 가슴을 누르고 있었다.

'약해지면 절대 안 돼. 이 정도는 견뎌 내야 해.'

테무친은 스스로 입술을 꼭 깨물며 채찍을 휘둘렀다.

열 대를 다 맞은 카치운과 벨구테이의 엉덩이는 피부가 터질 정도로 붓고 빨간 채찍 자국이 선명하게 남았다. 때리는 테무친의 마음에도 시뻘건 줄이 그어졌다.

벌이 끝나자 테무친은 그 자리를 벗어났다. 카치운과 벨구테이는 엉엉 울면서 호엘룬과 소치겔의 품에 안겼다. 두 엄마는 엉덩이에 난 상처를 치료하며 아들들을 위로해 주었다.

'나도 위로받고 싶은데…….'

햇살이 눈부시게 빛났다. 하지만 테무친의 마음까지 비추지는 못했다.

'아냐, 내가 더 강해져야 해. 그래야 우리 가족, 나를 따르는

사람들과 더 오래 함께할 수 있어.'

테무친은 마음을 가다듬었다.

이 일이 있은 뒤, 이상하게도 가족들이나 주위 사람들은 테무친에게 말을 거는 횟수가 줄어들었다. 그리고 테무친이 원하는 대로 다들 잘 따라 주었다.

혼자일 때가 많아진 테무친에게 호엘룬이 다가왔다.

"테무친, 훌륭한 지도자가 되려면 때로는 칼처럼 날카롭게, 얼음처럼 차갑게 생각해야 해. 아마 네 아버지도 이런 상황이라면 너처럼 행동했을 거야."

호엘룬의 말이 테무친에게는 큰 위로가 되었다.

며칠 뒤 소르칸의 아들 칠라운이 테무친의 게르를 찾아왔다.

"아버지께서 테무친 님을 도우라고 보내셨습니다."

칠라운이 테무친에게 깍듯하게 인사를 했다. 테무친은 먼저 호엘룬에게 칠라운을 소개시켜 주었다.

"테무친, 초원에서는 생명을 구해 준 은혜를 잊어버려서는 안 된다. 주인과 노예의 관계가 아닌 친구로 의좋게 지내기 바란다."

"네, 어머니. 꼭 명심하겠습니다."

테무친은 형제들과 주위 사람들에게도 칠라운을 소개시켜

주었다.

"칫! 노예 주제에 뭘 도와주겠다고 온 거야? 밥만 축내는 거 아냐? 이왕 타이치오드 부족에서 빠져나올 거면 탈구타이 목이라도 가져오지."

벡테르가 비아냥거리듯 말했다. 그러자 테무친이 나섰다.

"그렇게 주인의 목을 가져왔다면 나는 받아 주지 않았을 거야. 어쨌든 어려운 결정을 하면서까지 이곳에 왔으니 칠라운은 앞으로 내 사람이자 우리 사람이야."

테무친의 말에 벡테르는 더 이상 아무 말도 하지 않았다.

"테무친 님, 그렇지 않아도 중요한 일이 있어서……."

칠라운이 천천히 이야기를 꺼냈다.

"머지않아 탈구타이가 이곳을 습격할 것 같습니다."

칠라운의 말에 모두들 눈을 반짝이며 귀를 쫑긋 기울였다.

"사실 타이치오드 부족 사람들이 테무친 님 이야기를 하며 술렁거리고 있어요. 타이치오드 부족을 빠져나간 뒤 잃어버린 말을 되찾고, 아틀라트 부족의 보오르추와 안다를 맺었으며, 다시 자기를 찾아오는 부족 사람들은 아무 조건 없이 받아 주고 있다고요."

칠라운은 주위를 한번 휘둘러보며 말을 이었다.

"그래서 탈구타이가 좀 긴장한 것 같아요. 공개적으로 테무친 님을 죽이기에는 시기를 놓쳤고, 아무도 모르게 테무친 님을 죽이려고 한다는 소문이 떠돌고 있어요."

그 말에 다들 서로의 얼굴을 쳐다보았다.

"이곳을 떠나 이동해야 하는 거 아냐?"

"이동한다고 해도 금방 찾아내고 말 거야."

"그렇다면 대비를 하는 수밖에 없겠군."

테무친은 가족과 주위 사람들에게 각자 말과 활, 무기를 가까이 놓고 언제든 싸울 수 있게 준비시켰다. 망을 더 철저하게 보고 호엘룬과 소치겔, 어린 동생들은 가장 안쪽 게르에서 지내도록 했다.

며칠 뒤, 망을 보던 칠라운이 이상한 낌새를 알려 왔다. 수십여 명이 테무친의 게르에 가까이 다가오다가 말에서 내려 천천히 다가오고 있다는 것이다.

테무친 일행은 바로 싸울 준비에 들어갔다. 그들이 오는 길목에서 활시위를 겨누며 그들이 가까이 다가오기를 기다렸다.

'활이 정확하게 명중할 수 있을 거리가 될 때까지 기다려야 해. 처음 방어에 성공하지 못하면 우리가 질 수도 있어.'

테무친은 활시위를 당기며 가까이 다가오는 타이치오드 부족의 군사들을 기다렸다. 일행도 테무친의 신호를 기다렸다.

'지금이야!'

테무친이 활시위를 놓았다. 활이 날아가는 소리와 함께 다른 사람들의 화살도 날아갔다.

타이치오드 부족의 군사들은 갑자기 날아오는 화살에 맞아 픽픽 쓰러지기도 하고 몸을 낮춰 숨기도 했다. 순식간에 많은 사람들이 쓰러졌다.

칠라운이 타이치오드 부족 군사들의 뒤쪽으로 돌아 그들이 타고 온 말들을 절반 이상 끌고 갔다. 순간 타이치오드 부족 군사들은 놀란 듯 뒤를 돌아보았지만 말들을 쫓아갔다가는 화살의 표적이 되기 쉬웠기에 움직일 수 없었다.

그들은 말을 포기하고 활을 겨누거나 칼을 들고 테무친 일행 쪽으로 다가왔다. 테무친 일행은 위치를 들키지 않으려고 이리저리 이동하며 화살을 날렸다.

그때, 타이치오드 부족의 군사 한 명이 벨구테이를 보고 화살을 날렸다.

"피해!"

옆에 있던 테무친이 외마디 비명을 지르며 몸을 날려 벨구테이를 안고 쓰러졌다. 화살은 테무친의 팔을 스치고 지나갔다. 벨구테이는 너무 놀라 머릿속이 하얘지며 잠시 동안 아무 생각도 할 수 없었다.

"벨구테이, 괜찮아?"

옆에 있던 벡테르가 걱정스러운 얼굴로 다가와 물었다.

"난 괜찮아. 그런데 테무친 형이……."

테무친의 팔에서는 피가 흐르고 있었다.

"난 괜찮아. 다들 정신 차리고 저들이 가까이 오지 못하게 막아야 해!"

카사르가 열심히 활을 쏘며 타이치오드 부족의 군사들을 맞힌 덕분에 적들은 쉽게 다가오지 못한 채 화살만 날려 댔다.

화살 하나가 테무친을 향해 날아왔다. 그 순간 누군가 테무친을 밀어냈다. 벡테르였다. 벡테르는 날아오는 화살에 가슴을 맞고 말았다.

"벡테르, 왜 네가……."

테무친은 깜짝 놀라 말을 잇지 못했다.

"난 상관 말고 어서 저들을……."

벡테르의 말에 테무친은 몸을 움직이며 타이치오드 부족 군사들에게 화살을 날렸다.

얼마쯤 지났을까? 주위가 조용해졌다. 그리고 저 멀리 타이치오드 부족의 군사들이 한 마리의 말 위에 두 사람씩 올라 도망치는 것이 보였다.

그제야 테무친은 벡테르에게 다가갔다.

"제기랄, 나도 너처럼 멋지게 구해 보려고 했는데."

벡테르의 가슴에서는 피가 나오고 있었다.

"말하지 마. 괜찮아질 거야."

테무친이 피가 나오는 가슴을 꼭 누르며 말했다.

"아니야, 아무래도 틀린 것 같아. 이렇게 죽기는 싫은데."

벡테르는 가쁜 숨을 몰아쉬며 말을 이었다.

"네가 잡혀가기 전에 떠나려 했는데……. 떠나서 내 힘으로 나의 부족을 만들어 아버지께 당당한 모습을 보여 드리고 싶었는데……."

벡테르의 눈에 눈물이 고였다.

"어머니와 동생 때문에……."

"벡테르, 네가 나를 미워하는 마음보다 어머니와 동생을 사랑하는 마음이 더 컸다는 거 알고 있어. 내 말이 맞지?"

테무친의 말에 벡테르가 고개를 끄덕이며 씨익 웃었다.

"테무친, 이렇게 허무하게 죽는 것은 싫어. 그러니 내가 널 습격했다 실패하고, 네 말을 훔쳐 도망치려다가 네가 쏜 화살에 맞아 죽었다고 해 줘."

"내가 어떻게 그런 일을……."

"아니. 너를 위해, 그리고 내 동생 벨구테이를 위해 그렇게 해 줘. 그렇게 알려지면 아마도 다른 사람들은 너를 더 두려워하게 될 거야. 그리고 그걸 네가 견딜 수 있다면 그만큼 넌 강해질 테고. 그래야 어머니와 벨구테이도 너의 그늘 아래서 오래 살 수 있을 테니까."

벡테르의 목소리에서 점점 힘이 빠지고 있었다.

"그리고…… 벨구테이를 끝까지 돌봐 줘. 내 몫까지……. 약속할 수 있지?"

벡테르가 온 힘을 다해 말했다.

"그럼. 약속할게."

테무친이 벡테르의 손을 꼭 잡으며 대답했다. 벡테르는 환하게 웃으며 눈을 감았다. 테무친을 잡은 벡테르의 손이 스르르 풀렸다.

벨구테이가 엉엉 울기 시작했다.

"벨구테이, 벡테르의 말이 무슨 뜻인지 알아들었지?"

테무친의 말에 벨구테이는 눈물을 흘리며 고개를 끄덕였다.

테무친은 자리에 서서 아득하게 펼쳐져 있는 초원 위의 맑은 하늘을 쳐다보았다.

'또 이렇게 무거운 짐이 나에게 주어지는구나. 앞으로 얼마만큼의 짐을 더 져야 하는 걸까?'

테무친의 마음 한쪽이 시큰거렸다.

몽골인의 관습

민족마다 자연환경과 생활 방식에 따라, 해서는 안 될 것들이 있다. 이런 것들을 '금기'라고 한다. 몽골인의 금기에 대해서 살펴보자.

1. 내륙 지역이 대부분인 몽골에서는 바다에서 나는 음식 재료가 흔하지 않기 때문에 익숙하지 않은 해산물은 먹지 않는다.
2. 개는 목축 활동에 꼭 필요한 동물로 가족으로 생각하고, 새는 상서로운 동물로 여기기 때문에 개와 조류는 먹지 않는다.
3. 말을 탄 채 게르 문 앞까지 오지 않는다. 말을 타고 게르 문 앞까지 온다는 것은 급한 일이 발생했다는 소식을 알리는 행위이기 때문이다.
4. 말을 타고 양 떼 사이로 들어가지 않는다. 양들이 놀라 이리저리 뛰다가 다칠 수 있기 때문이다.
5. 손에 말채찍을 들고 게르 안으로 들어가지 않는다.
6. 생활용품에는 사용하는 사람의 혼이 들어 있다고 생각하기 때문에 의복이나 이불, 베개 위를 넘어 다니지 않는다.
7. 문지방, 부뚜막 등에도 정령이 있다고 여기기 때문에 발을 올리거나 앉지 않는다.
8. 담뱃대나 가위, 젓가락으로 상대방의 머리를 가리키지 않는다.

전투와 동맹, 그리고 꿈

 탈구타이가 테무친을 습격했다가 실패했다는 소문이 초원에 쫙 퍼졌다. 그리고 테무친이 도둑질을 한 죄로 벡테르를 초원의 법에 따라 죽였다는 소문도 함께 퍼졌다.
 "테무친이 훌륭한 칸이 될 거라는 소문이 들어맞아 가고 있는 거야."
 "어린 나이에 그런 결단력을 가졌다니 대단하지 않아?"
 "예수게이의 핏줄이라 그런지 앞으로 큰 지도자가 될 게 틀림없어."
 소문이 퍼지면서 예전에 예수게이를 따르던 부족 사람들이 하나둘 테무친에게 돌아오기 시작했다.
 "저는 조상들이 살던 땅을 영원히 지킬 것입니다. 이곳에서 키우는 모든 가축과 곡식을 여러분과 똑같이 나누겠습니다. 이곳에 오는 사람들을 지킬 수 있는 힘도 기를 것입니다."

호엘룬과 테무친은 다시 돌아오는 옛 부족 사람들을 반겼다. 그렇게 테무친의 무리는 백여 명 이상으로 늘어났다.

테무친에 대한 소문은 타타르 부족에게까지 퍼졌다.

"그냥 놔두면 분명 우리에게 해가 될 것입니다."

"더 이상 크지 않도록 지금 싹을 잘라야 합니다."

그렇게 타타르 부족은 테무친의 부족을 공격하기로 마음먹었다.

얼마 뒤, 타타르 부족의 군사 수백여 명이 테무친의 키야트 부족을 공격하기 위해 준비하고 있다는 소문이 퍼졌다. 그 소식을 들은 부족민들은 대부분 '소나기는 피하고 보자'며 멀리 이동할 것을 권했다.

'은혜와 원수는 반드시 갚아라!'

테무친은 예수게이의 말이 떠올랐다.

"여러분, 저는 도망가거나 피하지 않겠습니다. 아버지의 복수를 할 수 있는 기회가 저절로 제 앞에 왔는데 어찌 피하겠습니까?"

테무친은 끓는 피를 억누르지 못하고 크게 말했다.

"전투는 장난이 아니다. 신중해야 한다."

호엘룬의 말에 테무친은 전투 경험이 많은 사람들을 모아 의견을 물었다.

"우리가 적이 오는 것을 알고 있기에 계획만 잘 세운다면 승산이 있습니다."

"그들이 협곡 사이로 들어오게 해서 바위를 굴리고 화살을 쏘면 이길 수 있겠는데. 그렇게 하려면 누군가 미끼가 되어야……."

사람들의 의견을 듣고 있던 테무친이 나섰다.

"저들의 목표는 바로 제가 죽는 것일 테니 제가 미끼가 되겠습니다. 저같이 잘생긴 사람이라면 정말 멋진 미끼가 되지 않을까요?"

테무친의 농담 섞인 말에 사람들이 한바탕 크게 웃었다.

"그래도 정말 위험한 일인데, 그러다가 잘못되면 어떡해?"

카사르가 걱정스러운 표정으로 말을 꺼냈다.

"카사르, 시작하기도 전에 잘못될 걸 생각하면 시작할 수 없어. 우리는 지기 위해 싸우는 게 아니라 이기기 위해서 싸우는 거야. 그러니까 계획을 잘 세워서 시도해 보자."

테무친은 부족민들의 도움을 받으며 협곡에서의 전투를 준비했다. 테무친은 조금 두렵고 긴장되었지만 꼭 예수게이의 복수를 하겠다고 마음먹었다.

며칠 뒤, 테무친은 협곡 바깥쪽에 홀로 섰다. 멀리 타타르 부족의 깃발이 보였다. 막상 적들의 깃발을 보자 위압감이 느껴졌다. 하지만 두렵지는 않았다.

"난 예수게이의 아들 테무친이다. 나를 상대할 자가 있으면 나와라!"

테무친이 소리치자 타타르 부족은 기다렸다는 듯 우르르 몰려왔다.

"한 놈씩 나와야 싸우지 여럿이 덤비면 어떻게 싸우겠느냐?"

테무친이 약 올리듯 소리치며 도망치기 시작했다. 타타르 부족의 군사들은 화살을 쏘아 대며 테무친을 쫓았다.

테무친은 쏟아지는 화살을 피하며 협곡까지 내달렸다.

협곡 안쪽에 들어서자 테무친이 말을 멈추었다. 그리고 쫓아오는 타타르 부족을 향해 소리 나는 화살을 겨누다가 화살을 하늘 높이 허공에 날렸다.

삐이이이이이익! 소리 나는 화살이 하늘로 솟아오르자 계곡 위에서 바위가 굴러떨어지기 시작했다.

"함정이다!"

적들은 함정에 빠졌다는 것을 알고 얼굴이 백지장처럼 하얗게 변했다. 하지만 때는 늦었다. 굴러오는 바윗돌과 위에서 날아오는 화살 때문에 타타르 부족의 군사들은 정신을 차리지 못했다.

 뒤늦게 협곡 벽에 몸을 숨기고 정신을 차린 나머지 타타르족 군사들도 화살을 쏘아 댔다. 협곡 위에서 공격을 하던 테무친의 부족 몇 사람이 쓰러졌다.

 시간이 지나자 타타르 부족 군사 수십여 명이 말을 타고 도망치는 것이 보였다. 하지만 테무친은 무리해서 쫓아가지는 않았다.

 "나 테무친은 언제든 타타르 부족과 싸울 준비가 되어 있다!"
 테무친은 도망가는 이들에게 크게 소리쳤다.
 협곡 아래에는 많은 타타르 부족 군사들이 죽거나 신음 소리를 내며 아파하고 있었다.
 "도와줘야 하는 걸까?"
 협곡 위에 있던 카사르가 내려와 테무친에게 물었다.
 '마차 바퀴보다 더 큰 타타르 남자들은 모두 죽여 버려라. 한 명도 남김없이.'
 테무친은 예수게이의 유언을 떠올렸다.
 "아니, 까마귀 밥이 되도록 그대로 놔둬! 적들에게는 냉혹해져야 해. 그리고 나와 우리 부족의 무시무시한 면도 보여 줘야 해. 그래야 누구도 날 건드릴 생각을 하지 못하게 될 테고 나와 내 가족, 우리 부족이 살아남을 수 있을 테니까."

테무친은 쓰러져 고통스러워하는 타타르 부족 군사들을 그대로 두고 왔다. 그리고 전투에서 목숨을 잃은 키야트 부족 사람들의 장례식을 치렀다.

"저는 우리 부족을 위해 죽은 자들을 기억할 것입니다. 그의 가족들에게 재산을 나누어 주어 평생 편하게 살게 할 것입니다."

테무친이 타타르 부족을 물리쳤다는 소문은 삽시간에 초원에 퍼졌다. 그러자 옛 키야트 부족의 사람들이 더 모여들었다.

초원 위로 세찬 바람이 불어왔다. 바람이 테무친이 머물던 게르의 천을 뒤흔들었다.

'이곳은 게르를 칠 장소도 부족하고 많아진 가축을 먹일 풀도 모자라. 이제 이곳을 떠나 더 넓은 초원으로 나가야겠어. 그리고 더 크고 강한 부족들과 동맹을 맺는 거야.'

테무친은 부족 사람들이 많아지자 더 넓은 곳으로 근거지를 옮겼다. 아직 미약한 신출내기 족장에 불과했지만, 드디어 세상에 모습을 드러낸 것이다.

테무친은 먼저 예수게이의 안다인 토그릴 칸이 있는 케레이트 부족을 찾아갔다.

'몇만 명이 넘은 사람들을 거느린 부족장이 우리 같은 하찮은 부족과 동맹을 맺으려 할까?'

테무친은 걱정하는 마음으로 토그릴 칸을 만났다.

"테무친, 어서 와라. 네가 오기를 얼마나 기다렸는지 모른다."

토그릴 칸은 테무친을 반갑게 맞아 주었다.

"나와 동맹을 맺고 싶다고 했지? 내가 인원도 몇 안 되는 부족과 동맹을 맺을 거라고 생각한다면……."

토그릴 칸의 낮은 목소리에 테무친이 실망한 듯 고개를 숙였다.

"가끔은 그 생각이 맞을 때도 있을 것이다. 테무친, 난 예수게이의 안다. 너를 지지하는 것은 당연한 일이고 앞으로 너와 네 부족 사람들이 더 클 수 있도록 도와줄 테니 걱정 마라."

"감사합니다. 저는 앞으로 몽골족 모두의 생존과 재산이 보장되는 통일된 몽골을 꿈꾸고 있습니다. 지금은 저 혼자만의 꿈이지만, 이 꿈을 여러 사람이 함께 꾼다면 반드시 현실이 될 것입니다."

테무친의 말에 토그릴 칸은 연신 고개를 끄덕였다.

'아직 나이는 어리지만 테무친은 보통 인물이 아니야. 테무친과 함께해서 결코 손해 보는 일은 없을 것 같군. 테무친은 분명 강해질 것이고 그 힘은 나에게도 도움이 될 테니까.'

토그릴 칸은 동맹의 기념으로 소가죽 투구와 갑옷을 테무친에게 선물로 주었다.

그 뒤, 테무친은 자무카의 자다란 부족과 보오르추의 아틀라트 부족과도 동맹을 맺었다. 이제 아무도 테무친의 부족을 함부로 건드릴 수 없게 되었다.

그러자 키야트 부족의 원로들이 모여 회의를 했다.

"테무친을 칸으로 추대하는 것이 어떻겠습니까?"

"맞습니다. 칸이 되면 사람들이 더 이상 테무친이라 부르지도 못할 테니까요."

하지만 테무친은 원로들의 의견에 고개를 저었다.

"저는 아직 어립니다. 그리고 아직 칸이 될 준비를 하지 못했습니다. 제가 좀 더 성장할 때까지 기다려 주십시오."

테무친은 겸손하게 말을 이었다.

"다만, 칸이 되는 것보다 저는 먼저 약혼자를 찾아가 결혼부터 해야겠습니다."

테무친의 말에 원로들이 모인 게르가 한바탕 웃음바다가 되었다.

매서운 바람이 부는 날이었다. 테무친의 가족들이 테무친이 옹기라트 부족으로 떠나는 것을 배웅했다.

"어머니, 다녀오겠습니다."

"그래. 잘 다녀와라. 그동안 큰 어려움을 이기고 이렇게 성장한 네 모습을 보니 뿌듯하구나."

호엘룬이 테무친을 안아 주며 눈물을 흘렸다.

"형, 꼭 형수님을 모시고 돌아와야 해! 형수님이 아무리 좋아도 그곳에서 머무르면 안 돼!"

동생들의 말에 테무친이 멋쩍은 듯 뒷머리를 긁었다.

"이랴!"

테무친은 말 옆구리를 세게 찼다. 그리고 몸을 앞으로 숙여 말의 갈기에 머리를 바싹 붙인 채 빠른 속력으로 말을 몰았다.

얼마쯤 달렸을까? 테무친은 강가에서 말을 세웠다. 예수게이와 하늘의 별을 보며 미래의 꿈을 이야기하던 곳이었다.

'아버지, 아버지가 이루고자 했던 초원을 통일하는 꿈을 제가 이제 시작하려고 합니다. 꼭 지켜봐 주세요.'

테무친은 푸른 하늘을 높이 올려다 보았다. 코끝이 시큰해져 왔다.

"이랴!"

테무친은 다시 말을 세게 몰기 시작했다. 드넓은 초원 위에 한 줄기의 흙먼지가 자욱하게 일었다.

몽골의 병사들

보통의 군대와 달리 몽골 병사들의 무장은 간단했다. 몽골 병사들은 무거운 쇠 갑옷을 입지 않아서 몸놀림이 재빨랐다. 이들은 거친 비단 옷감에 모피를 덧댄 외투를 걸치고 단단한 방패를 들었다. 병사들의 가장 대표적인 무기는 활과 화살이었는데, 병사들의 활쏘기 솜씨는 매우 뛰어났다.

몽골 군대의 승리 비결 중 하나는 적게 먹는 식습관이었다. 몽골을 방문했던 이탈리아의 상인 마르코 폴로는 《동방견문록》에서 "몽골 군대는 필요하다면 활로 잡은 짐승 고기나 마유만 먹고도 너끈히 한 달 동안 버틸 수 있다. 이들은 가장 적게 먹고도 만족하는 사람들이다."라고 말했다.

쿠리엔

쿠리엔은 원래 몽골의 부대 규모를 묶어서 일컫는 말이다. 몽골에서는 부족 단위로 1쿠리엔을 이루는 경우가 많아서 각 쿠리엔의 수가 천차만별이었고 그래서 정밀한 작전을 세우기 힘들었다. 게다가 당시 몽골에서 쿠리엔의 강함은 개인의 전투력이나 인원수에 따라 결정되는 경우가 많았다. 칭기즈 칸이 치렀던 전투 중 달란발주트 전투는 총 인원을 통틀어 26개의 쿠리엔이 맞붙은 대규모 전투였다.

▶ 몽골 병사

칸

칸은 몽골어로 '강력한 우두머리', 즉 군주를 뜻하는 말이다. 보통 규모가 큰 부족의 족장을 일컫기도 하는데, 몽골 이외에 다른 유목 민족의 언어에서도 비슷한 개념의 단어를 많이 찾아볼 수 있다. 칭기즈 칸 등장 이전의 몽골에서는 칸이 규모가 큰 부족의 족장 정도로 여겨졌기 때문에 한 시대에 여러 명의 칸이 존재했다. 하지만 몽골 제국 건국 이후에는 황제와 동일한 의미로 쓰이면서 제국의 통치자를 이르는 말이 되었다. 칭기즈 칸과 몽골 제국의 영향으로 지금도 유럽에서는 칸을 막강한 세력을 지닌 군주의 칭호로 여기고 있다.

그 뒤, 칭기즈 칸

1189년, 테무친이 이끄는 키야트 부족은 점점 커져 부족 사람들의 수가 수만 명에 이르렀다. 키야트 부족으로 들어온 여러 가문의 원로들이 족장 회의인 쿠릴타이를 열고 스물여덟 살이 된 테무친을 불렀다.

"우리는 쿠릴타이를 통해 예의 바르고 용맹하며 지도력이 있는 당신을 키야트 부족의 칸으로 추대하기로 결정했소."

"우리 원로들은 앞으로 당신의 명령을 따를 것이고 당신을 위해 우리의 모든 것을 바칠 것이오."

"앞으로 우리는 당신을 '가장 위대한 왕'이라는 뜻의 칭기즈 칸이라 부를 것입니다."

테무친은 원로들의 결정을 따르기로 했다. 그 뒤, 사람들은 테무친을 더 이상 테무친이라 부르지 않고 칭기즈 칸이라고 불렀다.

하지만 테무친이 칭기즈 칸이 되는 것을 달가워하지 않는 사람도 있었다. 바로 칭기즈 칸의 첫 번째 안다인 자무카였다.

'테무친이 나보다 먼저 칸이 되었다고?'

자무카는 자신보다 세력이 약했던 테무친이 막강한 힘을 갖게 된 것이 마음에 걸렸다. 또한 이 시기에 자무카의 동생이 칭기즈 칸의 말들을 훔치려다 칭기즈 칸의 부하에게 죽는 일이 발생했다.

"뭐라고? 칸이 되니까 이제 안다의 동생도 도둑으로 몰아 죽인 것인가? 더 이상 참을 수 없군. 세력이 더 크기 전에 싹을 밟아 버려야지."

자무카는 화를 참지 못하고 동생의 복수를 핑계로 자다란 부족을 이끌고 칭기즈 칸을 공격했다. 칭기즈 칸은 자무카에게 동생의 일을 사과하고 되도록 싸우지 않고 싶었다. 하지만 막무가내로 덤벼드는 자무카와의 싸움을 피할 수는 없었다.

치열한 전투 중 칭기즈 칸은 독화살에 맞아 사경을 헤매게 되었다. 그때 젤메가 상처의 독을 빨아내면서 간호한 덕분에 칭기즈 칸은 목숨을 건질 수 있었다.

그 뒤, 상처를 치료한 칭기즈 칸은 다시 시작된 자무카와의 전쟁에서 승리했다. 그리고 초원은 잠시 평화를 찾았다.

하지만 칭기즈 칸은 늘 타타르 부족이 마음에 걸렸다.

'내가 아버지의 원수를 갚지 못한다면 아버지는 하늘에서도 편히 눈을 감지 못하실 거야.'

칭기즈 칸은 군사들을 모아 아버지의 원수인 타타르 부족을 공격해서 정복했다.

"이번에도 마차 바퀴보다 큰 타타르 부족의 남자들은 모두 죽이고 여자와 아이들은 노예로 삼을까요?"

부하의 말에 칭기즈 칸은 고개를 저었다.

"아니다. 재물은 빼앗되 항복한 사람들의 목숨은 살려 주어라. 그렇지 않으면 평생 원수가 되어 서로 죽이는 싸움이 끝나지 않을 테니까."

칭기즈 칸은 몽골 초원의 부족끼리 싸우는 악순환을 끝내고 싶었다. 칭기즈 칸은 타타르 부족에게서 빼앗은 재물을 전쟁에 참여한 모든 장수와 군사들에게 똑같이 나누어 주었다. 그로 인해 키야트 부족 군사들의 사기는 더욱 높아졌다.

칭기즈 칸을 도와주었던 케레이트 부족의 토그릴 칸 역시도 칭기즈 칸이 자기보다 강해지는 것이 두려웠다.

어느 날, 토그릴 칸은 칭기즈 칸을 초대해서 죽일 계략을 꾸몄다. 하지만 칭기즈 칸은 미리 그 속셈을 알고 겨우 도망칠 수 있었다. 그 뒤, 칭기즈 칸은 군대를 이끌고 토그릴 칸이 이끄는 케레이트 부족도 정복했다.

한편, 자무카는 몽골 초원의 나이만 부족과 연합하여 세력을 키워 갔다.

"이 넓은 초원에서 두 사람의 영웅은 필요 없다."

힘이 커진 자무카는 나이만 부족과 함께 칭기즈 칸과 격렬한 전투를 벌이게 되었다. 하지만 나이만 부족은 칭기즈 칸의 상대가 되지 못했다. 칭기즈 칸은 나이만 부족을 무찌르고 자무카를 붙잡았다.

"자무카, 나에겐 자네가 필요하네. 그러니 이제 그만 싸움을 멈추고 내 옆에서 나를 도와주게."

칭기즈 칸이 자무카에게 손을 내밀었다. 하지만 자무카는 고개를 저었다.

"나의 안다여, 나를 살려 두면 나같이 배신을 할 사람들이 또 나올 수도 있으니 나를 용서하지 말게."

결국 칭기즈 칸은 자무카가 원하는 대로 자무카를 처형했다. 드디어 칭기즈 칸은 몽골 초원의 일인자가 되었다.

몽골의 지도자를 뽑는 방법

쿠릴타이는 '집회'를 뜻하는 옛 몽골어인데, 유목민들은 같은 씨족끼리 한 부족을 이루는 경우가 많았다. 이들 각각의 씨족에는 부족을 대표하는 장로가 있어 일정한 날에 쿠릴타이를 열고 최고의 지도자인 칸을 선출하거나 전쟁을 결정하는 등 중요한 일을 처리했다. 칸이 되려면 혈통이나 현재의 세력, 성격, 인망 등을 모두 고려했기에 세력이 크다고 해서 아무나 칸이 될 수 있는 것은 아니었다.

칭기즈 칸의 친구이자 최대의 적

칭기즈 칸은 영웅이라 불리는 많은 사람과 싸웠지만 그중 어느 누구도 자무카만큼 칭기즈 칸에게 큰 벽으로 다가온 사람은 없었다. 자무카는 지력·지휘력·정치력 등에서 뛰어났고, 칭기즈 칸을 제외하면 몽골 통일에 가장 근접했던 인물이었다. 칭기즈 칸은 안다인 자무카의 재능이 아까워 살려 주고자 했지만 자무카는 몽골의 칸은 단 한 명뿐이라 말하고는 죽음을 택했다. 자무카는 비록 칭기즈 칸의 적이기는 했지만 자기 외에는 오직 칭기즈 칸만이 몽골의 주인이 될 수 있다고 생각했던 진정한 라이벌이었다.

칭기즈 칸의 부족한 면을 채워 준 조언자, 야율초재

칭기즈 칸은 사준사구 같은 유능한 부하, 뛰어난 통솔력 등의 요건을 갖추고 있었지만 재능의 대부분은 군사적인 것에 치우쳐 있었다. 당시 행정이라는 개념 자체가 부족했던 몽골족에게 있어 '야율초재'의 존재는 매우 특별했다. 야율초재가 법을 정비하고 제국에 걸맞은 제도를 구축한 덕분에 부족 연합에 불과했던 몽골 제국은 진정한 통일 왕조이자 제국으로 거듭날 수 있었다. 몽골족이 아니면서도 세계 역사상 유례가 없는 대제국의 기틀을 마련했다는 점을 들어 동양에서는 야율초재를 동양 역사상 손꼽히는 명재상으로 여긴다.

야율초재

칭기즈 칸이 된 이후의 몽골

13세기 몽골과 호라즘 제국

호라즘은 중앙아시아에 있던 이슬람 제국으로, 지금의 우즈베키스탄과 투르크메니스탄을 합친 지역이다. 호라즘은 동서를 잇는 실크로드를 따라 많은 상업 도시가 발달했다. 그중 가장 번영했던 도시 중의 하나가 사마르칸트이다. 칭기즈 칸은 서쪽으로 영토를 계속 확장하다가 알타이산맥을 넘어 호라즘 국경 지역에까지 이르게 되었다.

칭기즈 칸은 호라즘 제국이 국력이 강하고 상업의 중심이 되는 지역이었기 때문에 평화를 유지하면서 무역을 통해 이윤을 얻고자 했다. 그래서 1218년 호라즘 제국에 평화 사절단을 보내 낙타 수백 마리와 금과 은, 비단 등 값진 물건을 보냈다. 그러나 칭기즈 칸의 사신들이 중앙아시아 서쪽에 있는 오트라르에서 붙잡혀 모조리 학살당하는 사건이 발생했다. 호라즘 제국에서 칭기즈 칸의 사신들이 간첩이라고 생각하고 몰살해 버렸던 것이다.

이 소식을 들은 칭기즈 칸은 다시 사신을 보내 호라즘 국왕인 무함마드에게 외교 관계를 요청했지만 도리어 칭기즈 칸의 사신들은 수염을 깎이는 수모를 당했다. 결국 칭기즈 칸은 호라즘을 정벌하기로 결심한다.

칭기즈 칸의 중앙아시아 원정

칭기즈 칸의 중앙아시아 원정은 1219년부터 시작되었다. 호라즘 제국의 무함마드왕은 몽골군이 쳐들어온다는 소식을 듣자 몹시 긴장했다. 하지만 그때까지도 몽골군이 얼마나 강한지 몰랐다. 칭기즈 칸의 군대와 호라즘의 군대는 몽골 사신들이 죽임을 당한 오트라르에서 치열하게 싸웠다. 몽골군의 포위에 식량이 부족해진 호라즘 부대는 한밤중에 몽골군을 기습할 작전을 짰다. 그러나 오히려 몽골군에게 역공을 당해 장군들이 포로로 잡혔다. 호라즘 제국의 저항은 다섯 달 동안 계속되었으나 결국 칭기즈 칸에 의해 점령당하고 말았다.

칭기즈 칸은 오트라르를 점령한 뒤 주요 도시인 사마르칸트도 점령하였다. 호라즘의 무함마드왕은 몽골군의 추격을 피해 도망치던 중 카스피해의 조그만 섬에서 죽음을 맞이했다.

금 제국의 발전과 멸망

아구다는 1115년, 요의 지배에서 벗어나 여진족을 하나로 묶어 금을 세웠다. 금은 요의 군대를 격파하며 영토를 늘려 갔고, 1125년에는 요를 멸망시켰다. 그 뒤 송을 남쪽으로 밀어내고 실질적인 지배 세력이 되어 중국의 남쪽 일부를 제외한 나머지 지역을 통치하였다.

금은 남송을 멸망시켜 중국을 통일하려고 하였지만, 거란족의 반란과 내부의 반란이 발생하였다. 이를 수습하기 위해 남송과 화친을 한 뒤 반란을 평정하였고 이후 금은 안정적인 제국으로 성장한다.

하지만 1234년, 남쪽에서 남송이 공격한다. 금은 동북쪽에서 새로 등장한 몽골족에게 밀려 수도를 옮긴다. 그러나 결국 남송과 몽골족의 연합군에게 포위되어 120년 만에 멸망하고 만다.

아구다

서하 제국

서하 제국은 중국 북서부 지역에 있었던 티베트 계통의 탕구트족이 세운 왕족이다. 서하 제국은 실크 로드의 길목을 차지하고 있었기 때문에 발전할 수 있었다. 전성기 때는 현재 중국의 서북 지역을 거의 차지할 정도의 큰 나라였다. 그러나 몽골군의 공격으로 흔적도 없이 사라졌다. 서하 제국은 1202년부터 몽골의 침략을 여러 차례 받았다. 1207년에 수도가 함락될 위기에 놓이자 서하 제국은 몽골에 복종하기로 약속했다. 이후 서하 제국은 몽골의 명령을 받아 금과 오랜 전쟁을 하였고, 이 때문에 서하 제국과 금은 국력이 급속하게 기울게 되었다. 1226년에 서하 제국은 서역 정벌에 군대를 파견하라는 몽골의 요구를 거절하였고, 결국 1227년에 몽골군에 패배하고 멸망했다.

칭기즈 칸 이후의 몽골 제국

칭기즈 칸이 서하 제국과의 전쟁 중에 전사한 뒤, 제2대 황제인 오고타이 칸은 금을 멸망시키고 유럽을 정복하기 위해 러시아로 진군했다. 서아시아와 러시아 동부까지 점령한 몽골군의 공격은 1241년 12월, 오고타이 칸의 죽음으로 잠시 중단되었다.

오고타이 칸의 뒤를 이은 제3대 귀위크 칸은 3년 만에 전사했고, 제4대 칸으로 등극한 몽케 칸은 중동의 아바스 왕조를 멸망시키고 지금의 이라크와 이란 지역을 점령했다.

1259년 몽케 칸이 죽자 그의 동생인 쿠빌라이가 제5대 칸이 되었다. 그는 수도를 카라코룸에서 현재의 베이징인 대도로 옮기고 국호를 원으로 바꾸었다.

쿠빌라이 칸

작가의 말

테무친의 용기와 리더십

　칭기즈 칸은 아시아에서 유럽에 이르는 거대한 대륙을 정복해 인류 역사상 가장 넓은 땅을 다스렸던 인물이에요. 그래서 흔히 칭기즈 칸을 '과거 천 년 동안의 인류 역사상 가장 위대한 인물', '인류 역사상 가장 위대한 정복왕' 등으로 부르지요.
　그렇다면 칭기즈 칸은 커다란 나라의 왕족으로 태어난 것일까요? 아니에요. 칭기즈 칸은 몽골 초원을 떠돌며 살아가던 작은 부족의 족장, 예수게이의 아들로 태어났어요. 게다가 어렸을 때는 겁도 무척 많았지요. 그랬던 아이가 어떻게 흩어진 몽골 민족들을 하나로 통일하고 세계 역사상 가장 넓은 영토를 차지한 몽골 제국의 지도자가 될 수 있었을까요?
　사실 칭기즈 칸은 처음부터 '칭기즈 칸'으로 불렸던 게 아니에요. 원래는 테무친이라는 평범한 이름으로 불렸지요. 저는 칭기즈 칸의 일생을 살펴보면서 세계를 정복할 수 있었던 용기와 리더십은 칭기즈 칸이 '테무친'으로 불렸을 때 길러졌음을 확신했어요. 그래서 테무친으로 불렸을 때의 모습을 더욱더 꼼꼼하게 살펴보았고, 이 책을 통해 칭기즈 칸이 테무친으로 불렸던 열세 살 때의 모습을 이야기로 풀어낼 수 있었지요.
　테무친은 어린 나이에 아버지를 잃었어요. 그 뒤 테무친의 가족은 부족들에게 따돌림을 받고 쫓겨나게 되었지요. 게다가 테무친은 가족들을 돌봐야 하는 무거운 짐을 짊어져 어린 나이에 가장의 역할을 도맡았어요.

테무친은 살기 어려운 몽골의 거친 땅에서 가족들을 이끌고 자신을 죽이려는 적들에게 쫓기며 살았어요. 몇 번이나 죽을 고비를 넘기면서도 반드시 살아남아야겠다고 마음먹었지요. 그리고 어떠한 싸움에서든 이기는 사람만이 살아남는 약육강식의 몽골 초원에서 스스로 살아남는 법을 배우고 어느덧 부족장으로 우뚝 서게 되지요.

이 책에는 평범했던 아이가 어려움을 겪고 이겨 내며 용맹한 지도자로 성장하는 모습이 박진감 있고 실감 나게 그려져 있어요. 열세 살 테무친의 모습을 통해 우리 어린이들이 어려움을 이겨 내는 용기와 리더십을 배웠으면 해요. 그렇다고 칭기즈 칸처럼 역사에 남을 만한 영웅이 되라는 것은 아니에요. 자기 자신을 영웅처럼 존중할 수 있는 멋진 어른으로 성장하기 바라는 것이지요.

박신식

칭기즈 칸,
제국을 다스린 초원의 소년

초판 1쇄 발행 2020년 4월 23일

글 박신식 그림 토끼도둑

ⓒ 박신식, 토끼도둑 2020
ISBN 979-11-90267-92-2 (73810)

＊저작권법에 의하여 한국 내에서 보호를 받는 저작물이므로 무단 전재와 무단 복제를 금합니다.
이 도서의 국립중앙도서관 출판예정도서목록(CIP)은 서지정보유통지원시스템 홈페이지(http://seoji.nl.go.kr)와 국가자료공동목록시스템(http://www.nl.go.kr/kolisnet)에서 이용하실 수 있습니다.
(CIP제어번호 : CIP2020014752)
＊책값은 뒤표지에 있습니다.
＊잘못 만들어진 책은 구입하신 곳에서 바꾸어 드립니다.

발행처 주식회사 스푼북 | 발행인 박상희 | 출판신고 2016년 11월 15일 제2017-000267호
제조국 대한민국 | 주소 (03993) 서울시 마포구 월드컵북로6길 88-7 ky21빌딩 2층
전화 02-6357-0050(편집) 02-6357-0051(마케팅)
팩스 02-6357-0052 | 전자우편 book@spoonbook.co.kr

＊10세 이상 어린이 제품

제품명 칭기즈 칸, 제국을 다스린 초원의 소년	제조자명 주식회사 스푼북	제조국명 대한민국	⚠ 주 의
전화번호 02-6357-0050	주소 서울시 마포구 월드컵북로 6길 88-7 ky21빌딩 2층		아이들이 모서리에 다치지 않게 주의하세요.
제조년월 2020년 4월 23일	사용연령 10세 이상		

※ KC마크는 이 제품이 공통안전기준에 적합하였음을 의미합니다.